Frank Berger
101 Geldorte in Frankfurt

FRANK BERGER

101 GELDORTE

IN FRANKFURT

SOCIETÄTS
VERLAG

Alle Rechte vorbehalten • Societäts-Verlag
© 2016 Frankfurter Societäts-Medien GmbH
Satz: Julia Desch, Societäts-Verlag
Umschlaggestaltung: Julia Desch, Societäts-Verlag
Druck und Verarbeitung: CPI books GmbH, Leck
Printed in Germany 2016

ISBN 978-3-95542-186-1

Inhaltsverzeichnis

Vorwort

Sobald von der Stadt Frankfurt die Rede ist, gilt sie als Stadt des Geldes. Dafür gibt es gute Gründe historischer und topografischer Natur. Schon seit Jahrhunderten galten die Bewohner Frankfurts als reich. Luther, Shakespeare und Goethe sprachen davon. Es soll hier versucht werden, einige der Orte in Frankfurt zu betrachten, an denen Geld eine besondere Rolle gespielt hat oder auch noch spielt. Diese Orte sind entweder historisch relevant, oder bedeutend für den Finanzplatz, oder einfach nur geldbezogen kurios und interessant. Viele sind Orte des virtuellen Geldes, da das Geld in seiner physischen Form spätestens seit 1914 eindeutig auf dem Rückzug ist. Ähnlich virtuell lassen sich Geldorte zwar beschreiben, aber oft nur in Zusammenhang mit den Gebäuden und den agierenden Personen, die dort ihrer Tätigkeit nachgegangen sind. Eine vollständige Aufreihung aller Frankfurter Geldorte ist weder möglich nach angestrebt.

Geldorte sind keine Unorte, auch wenn dieses Buch an die Titel einer bekannten Reihe erinnert. Denn Geld ist grundsätzlich nicht „böse", sondern in letzter Folge eine der Ursachen unseres Reichtums. Wir leben gerade in Frankfurt, aber auch generell in Deutschland in einem individuellen Wohlstand, dessen Ausmaß aus historischer Sicht geradezu als undenkbar galt. Selbstverständlich gibt es auch Geldorte der negativen Art, wo sich Betrug, Fälschungen, Pleiten und Bankraub tummeln.

Alles, was hier steht, ist auch anderweitig bekannt und nachzulesen, zudem wesentlich detaillierter. Zweck dieser wenigen Zeilen und Bilder ist es, historische Orte der Geldstadt Frankfurt in der Gegenwart zu markieren. Hintergrund des Ganzen bildet die folgende Reihung von Grundzügen der Entwicklung: Der Ort Frankfurt entstand im frühen Mittelalter am Knotenpunkt vieler Kommunikationsbahnen. Früh war der Platz Versammlungs- und Wahlort der deutschen Könige und seit 1240 Schauplatz der großen Reichsmessen. Aus diesen entwickelte sich 1585 die Frankfurter Börse, betrieben von der einheimischen und europäischen Kaufmannschaft. Die Kaufleute reduzierten im 18. Jahrhundert zunehmend ihren eigentlichen Handel, den Warenhandel. Der Kaufmann, nun *merchant banker*, ging über zu Wechsel- und Anleihegeschäften. Er wurde Privatbankier. Die Blütezeit des Frankfurter Geldmarktes datiert in das Jahrhundert von 1770 bis 1870.

Die Frankfurter Privatbankiers gründeten nach der Mitte des 19. Jahrhunderts zur Finanzierung größerer Projekte die Aktienbanken. Bald danach nahmen die Aktienbanken vielfach die Privatbanken in sich auf. Der Finanzplatz verlor mit der Gründung des Deutschen Reiches 1871 rasant an Bedeutung zugunsten der neuen Reichshauptstadt. Als Berlin nach 1945 am Boden lag, stand Frankfurt auf der Gewinnerseite. Hier entstand, bedingt durch die Ansiedlung der Bank Deutscher Länder im Jahr 1948, das finanzielle Zentrum der Bundesrepublik Deutschland und inzwischen auch des europäischen Kontinents.

Dieses Buch entstand beiläufig aus der langjährigen Beschäftigung mit der historischen Dimension des Finanzplatzes Frankfurt. Das Profil als Geldstadt ist im Stadtbild Frankfurts so deutlich wie in keiner anderen Stadt der Welt. Demgegenüber sind andere Spuren des Geldes in Frankfurt nahezu gänzlich verschwunden. Beides soll aufgezeigt und aus der Historie hergeleitet werden.

01 Die Affentorhäuser

Nach 1806 war die Frankfurter Stadtbefestigung militärisch sinnlos und wurde geschleift. Dennoch wurden neue Stadttore gebaut und blieben bis 1837 in Funktion. Eines davon war das Affentor. Der Name wurde vermutlich vom nahen Eckhaus „Zum Affen" abgeleitet, als es nach der 1333 genehmigten Stadterweiterung angelegt wurde. Hier ließ die Stadt Frankfurt durch den Stadtbaumeister Johann Friedrich Christian Hess 1810 die Affentorhäuser im klassizistischen Stil erbauen. Die gut renovierten Häuser gehören heute dem Frankfurter Caritasverband.

Zweck der beiden Häuser war es, die dazwischen verlaufende Straße zu kontrollieren, vor allem aber, hier auch Zoll einzuziehen. Abends wurden die Stadttore geschlossen. Wer dann dennoch in die Stadt wollte, musste einen Sperrbatzen bezahlen. Das war viel Geld. Ein Batzen waren vier Kreuzer und ein Handkäs kostete nur einen Kreuzer.

An einem anderen Stadttor, das sich nicht mehr erhalten hat, gab es deshalb einen Riesenkrawall. Das Allerheiligentor im Ostend wurde am 24.10.1831 zu früh geschlossen. Die heimkehrenden Zecher verweigerten die Zahlung des Sperrbatzens. Im Tumult wurde das Tor aufgebrochen. Die Obrigkeit rief das Linienmilitär zu Hilfe, das mit Bajonetten gegen die Menge vorging. Am nächsten Tag eskalierte die Gewalt. Schüsse fielen. Der Steinmetzmeister Koch und zwei Soldaten kamen ums Leben. 24 Personen wurden verhaftet und zu Zuchthausstrafen verurteilt.

02 Die Alte Börse

Paulsplatz

Die Alte Börse am Paulsplatz war das erste für seine Funktion errichtete Börsengebäude Frankfurts. Sie wurde von 1837 bis 1840 nach Plänen August Stülers (1800–1865) im Stil der italienischen Frührenaissance gebaut. Das Börsengebäude befand sich östlich der Paulskirche zwischen der heutigen Braubachstraße im Süden und der Barfüßergasse im Norden. Das Portal war der Neuen Kräme zugewandt, wo die Börse zwischen barocken und gründerzeitlichen Häusern in einer Zeile stand. Die Adresse lautete Neue Kräme 9.

Der Bau war ein zweigeschossiger Kubus mit flachem Dach, bestehend aus rotem und gelbweißem Sandstein. Die Front im Erdgeschoss hatte fünf Arkadenfenster. Das Obergeschoss war niedriger bei gleicher Fensterzahl. Die Halle des Inneren war ein architektonisches Zitat der Säulenhalle der Mezquita von Cordoba.

Bedingt durch den rasanten wirtschaftlichen Aufschwung Frankfurts erwies sich das Börsengebäude schon bald als zu klein. Daher blieb sie nur bis 1879 in Funktion und wurde von der Saalbau-Gesellschaft übernommen. Die Bomben des Zweiten Weltkriegs zerstörten Teile der Alten Börse. Es haben sich heute nur noch die überlebensgroßen Fassadenfiguren des Gebäudes erhalten. Sie zeigen die fünf Erdteile, den Landhandel und den Seehandel. Man findet sie im Eingangsbereich der Neuen Börse aufgestellt. Der beschädigte Bau der Alten Börse wurde 1952 mit dem gesamten Häuserblock abgerissen. Das Ergebnis war der städtebaulich unzulängliche Paulsplatz in seiner heutigen Gestalt.

03 Die Alte Münze am Markt
Höllgasse

Die früheste Münzprägung in Frankfurt ist uns durch zahlreiche erhaltene Münzen bekannt. Es sind Pfennigmünzen, die Kaiser Friedrich I. Barbarossa seit etwa 1165 in seiner Reichsmünzstätte Frankfurt prägen ließ. Eine urkundliche Erwähnung dieser Frankfurter Münzprägung liegt aus dem Jahr 1194 vor. Darin bestätigt Kaiser Heinrich VI. (1190–1197), dass sein Reichserbkämmerer Graf Cuno von Münzenberg die Hälfte des Gewinns der Frankfurter Münze erhält. Seitdem finden sich immer wieder schriftliche Belege für Münzprägung in Frankfurt. 1339 und 1340 erlaubte Kaiser Ludwig IV. sogar die Ausprägung von Goldgulden und 1345 die Herstellung von Groschenmünzen nach französischem Vorbild.

Die erste Münze Frankfurts befand sich im innersten Zentrum der Stadt. Sie stand auf dem Gebiet der karolingischen Pfalz vor dem Domturm, wo sich zuletzt der archäologische Ausgrabungsbereich erstreckte. In dem Haus „Alte Münze" wohnte 1274 die Witwe des Münzers (monetarius) Friedrich, der von 1230 bis 1232 belegt ist. Die Lage am Markt kann vielleicht nur auf eine Wechselstube hinweisen. Wahrscheinlicher aber zeigt die Anwesenheit eines Münzers (monetarius), dass hier die erste Prägestätte Frankfurts gestanden haben wird.

Die Bezeichnung des Hauses lautete später „veteri moneta" (Alte Münze) und „czu der alten munczen". Diese Bezeichnungen hielten sich noch an gleicher Stelle bis zum Stadtplan von 1877. Das Nachfolgegebäude wurde beim Luftangriff vom 22. März 1944 vollständig zerstört.

04 Die Bankiers Andreae
Hochstraße 19

Die ursprünglich schwäbische Theologenfamilie Andreae verdankte ihren Aufstieg nicht zuletzt ihrem erstaunlichen Kinderreichtum. Christof Andreae lebte von 1736 bis 1789 als Farbwarenhändler in der Töngesgasse. Er hatte 18 Kinder von drei Frauen. Die Farbwarenhandlung wurde in den ersten Jahrzehnten des 19. Jahrhunderts auf Wechsel- und Darlehensgeschäfte ausgedehnt. Von seinen Söhnen gingen Verästelungen aus, die sich tief in die Frankfurter Bankenwelt verschlangen. Die Andreae verbanden sich mit den Familien Willemer, de Neufville, Passavant, Hauck, Metzler, Merton, Mumm, Goll, Schmidt, Siebert, Bansa und Rössler.

Aus der Linie Andreae Willemer entstammte mit Jean Andreae-Passavant (1841–1915) ein Bankier modernen Zuschnitts. Er war Präsident der Frankfurter Handelskammer, Mitglied der Stadtverordnetenversammlung und Direktor der Bank für Handel und Industrie (Darmstädter Bank). Sein Vetter, verheiratet mit einer Tochter des Bankiers Siebert, führte in der Hochstraße 19 das Bankhaus Arthur Andreae & Co. Dieses und das Haus Siebert wurden 1905 von der Mitteldeutschen Creditbank aufgenommen.

Der Bankier Albert Andreae-de Neufville (1854–1940), Teilhaber des Bankhauses Joh. Goll & Söhne, ließ 1891 als Sommerresidenz die Villa Andreae in Königstein erbauen. In Frankfurt wohnte seine Familie im alten Goll'schen Haus Untermainkai 11.

05 Bank für Gemeinwirtschaft

Willy-Brandt-Platz

In den Jahren 1949/1950 gründeten Gewerkschaften und Konsumgenossenschaften je hälftig sechs Regionalbanken. Für Hessen entstand mit 980.000 DM Kapital in Frankfurt die Bank für Gemeinwirtschaft. In erster Linie sollte sie die Interessen der Gewerkschaften und Konsumgenossenschaften wahrnehmen. 1958 schlossen sich die Banken zur „Bank für Gemeinwirtschaft" zusammen. Vorstandsvorsitzender wurde bis 1977 Walter Hesselbach. Im Zuge des allgemeinen Wirtschaftsaufschwungs konnte die Bank ihre Geschäfte bedeutend ausweiten. Sie pflegte Geschäftszweige der Geschäftsbanken und baute ein umfangreiches Geflecht an Beteiligungen und Tochtergesellschaften auf. Zur Schaffung neuer Arbeitsplätze in der aufblühenden deutschen Wirtschaft stellte sie zu gemeinwirtschaftlichen Zwecken als auch der freien Wirtschaft größere Kredite zur Verfügung.

Nachdem die BfG durch Misswirtschaft in die Krise geraten war, mussten die Gewerkschaften im Jahr 1987 ihr Institut verkaufen. Die Bank ging an die Aachener und Münchener Beteiligungsgesellschaft, dann an den Crédit Lyonnais, dann an die schwedische SEB-Bank und 2010 übernahm die Santander-Bank das Privatkundengeschäft.

1977 bezog die BfG das von dem Architekten Richard entworfene 148 Meter hohe Bürohochhaus am Willy-Brandt-Platz. Von 1998 bis 2014 war es unter dem Namen „Eurotower" Sitz der Europäischen Zentralbank und soll künftig die europäische Bankenaufsicht beherbergen.

06 Bankhaus Bass & Herz

Große Eschenheimer Straße 25

Die Herren Jacob Bass und Adolf Herz gründeten am 1. Januar 1862 gemeinsam ein Bank- und Wechselgeschäft. Sie ging zurück auf ein seit 1824 betriebenes Lotteriegeschäft. Anfangs befassten sich Bass & Herz ausschließlich mit dem Börsenkommissionsgeschäft. Erfolgreich war die Bank mit rumänischen Papieren. 1869 brachte sie Bukarester 20 Franken-Lose zur Emission und Notierung. 1881 brachten sie eine rumänische Anleihe von 148.200.000 Francs an die Börse.

1871 beteiligte sich Bass & Herz an der Errichtung der Frankfurter Wechselbank. In der Gründerzeit stand die Bank den Industrie-Emissionen fern, was ihr größere Verluste ersparte. Ihr Geschäftsfeld waren Eisenbahnanleihen, vor allem aber die Zementindustrie. Der Bank oblag die Einführung der Aktien der Portland-Zementwerke Heidelberg und verschiedener Erzgruben. Auf diese Weise trug Bass & Herz viel zur industriellen Entwicklung Süddeutschlands bei.

Nach dem Tod der Gründungsgesellschafter führte ab 1895 Alfred Weinschenk die Firma. Sie musste 1938 aufgrund der Nürnberger Gesetze geschlossen werden. Die Aktiva wurden auf das befreundete Bankhaus B. Metzler seel. Sohn & Co. übertragen. 1946 erfolgte die Wiedereintragung für sämtliche Bankgeschäfte. Sie spezialisierte sich als Außenhandelsbank. Namhafte Kommanditisten aus dem deutschen Adel traten in das Bankhaus ein. 1974 wurde die Bank, nun im Eigentum von Hans Ulrich Graf Schaffgotsch befindlich, insolvent.

07 Bankier Bernus im Saalhof

Mainkai

Der Saalhof am Mainufer befand sich 1672 im Besitz der Brüder Heinrich und Johannes Bernus. Sie waren durch Tuchhandel mit England und den Niederlanden zu Vermögen gekommen. Dies vermehrte sich noch bedeutend durch Heiraten mit Fabrikantenfrauen aus Köln und Basel. 1724 starb Heinrich Bernus unter Hinterlassung des einzigen Sohnes Jakob.

Jakob Bernus heiratete Konstantia Peltzer, Tochter und Erbin eines sehr reichen Aachener Großkaufmanns und Bankiers. Ihr Vermögen umfasste ein Stadthaus in Aachen, mehrere Landhäuser, viele Hypotheken und Kapitalien, insgesamt im Wert von vielen Hunderttausend Gulden. Nach dem Tod seines Vaters kehrte Bernus in den Frankfurter Saalhof zurück. Als reichster Mann Frankfurts baute er das Gewandhaus am Saalhof zu einem barocken Palais aus. Er verfügte über große Weinvorräte, Juwelen, eine große Gemäldesammlung und ein Kapital von 500.000 Gulden.

Binnen zwei Jahren verlor er sein komplettes Vermögen, indem er es dem Landgrafen Ernst Ludwig von Hessen-Darmstadt lieh. Dieser finanzierte damit 1721 den Wiederaufbau des abgebrannten Darmstädter Stadtschlosses wie auch die Errichtung des Jagdschlosses Wolfsgarten. Der Landgraf starb 1739, ohne auch nur einen Kreuzer zurückgezahlt zu haben. Zwar hatte Bernus den saumseligen Landgrafen von Hessen-Darmstadt beim Reichshofrat verklagt und auch Recht bekommen. Er starb dennoch als armer Mann. Die Erben bekamen nach 50 Jahren 28 % der Schulden ohne Zinsen erstattet.

08 Bankhaus Bethmann
Bethmannstraße

Der Firmengründer Konrad Bethmann war 1683 Münzmeister bei den Fürsten von Nassau-Holzappel in Cramberg an der Lahn. Seine Nachfahren gründeten 1748 in Frankfurt das traditionsreiche Bankhaus Gebrüder Bethmann. Durch den Handel mit Staatsanleihen entwickelte es sich bald zu einer der führenden Banken des Kontinents. Die Bank zählte Goethe zu ihren Kunden. Der Bankier Simon Moritz Bethmann (1768-1826) galt als der heimliche Herrscher Frankfurts, er war der Gastgeber Napoleons, Staatsmann und Förderer von Kunst und Wissenschaften. Da er dem österreichischen Kaiserstaat mit seinen Finanzgeschäften sehr dienlich war, wurde er 1808 von Kaiser Franz I. in den erblichen Adelsstand erhoben.

Viele Gebäude zeugen vom Wirken der Bethmanns in Frankfurt. Vor dem Friedberger Tor stand das 1783 erworbene Bethmannsche Gartenhaus. Das sog. „Odeon" im Anlagenring war ein Bethmännisches Museum. Hier tanzten 1863 die Teilnehmer des Deutschen Fürstentages. Das repräsentative Hauptgebäude des Bankhauses wurde 1782 an der Ecke Schöppengasse/Buchgasse erbaut. Auf diesem Komplex stand auch das Gasthaus „Vogel Strauß", in dem Martin Luther im April 1521 auf dem Hin- und Rückweg vom Wormser Reichstag logierte.

Die Familie verkaufte das Bankhaus 1976/1983 an die Bayerische Vereinsbank, welche es mit Maffei & Co. zusammenlegte und es 2004 für 110 Millionen Euro an die ABN AMRO weitergab. 2007 ging das jetzt Delbrück Bethmann Maffei heißende Institut an die gerade kollabierende Fortis Bank. Die jetzige Bethmann Bank ist über die ANB AMRO im Besitz der niederländischen Steuerzahler.

09 Bankier Johann von Bodeck

Roßmarkt 16

Die Familie des Großkaufmanns Bonaventura von Bodeck kam 1585, im Jahr der Frankfurter Börsengründung, aus Antwerpen nach Frankfurt. Er hinterließ seinem Sohn Johann von Bodeck (1555–1631) ca. 250.000 Reichstaler. Mit seiner Schwiegermutter und seinem Schwager betrieb er in Frankfurt ein Bankgeschäft von europäischer Bedeutung. Bodeck war der führende Kopf der eingewanderten südniederländischen Geschäftsleute lutherischer Konfession.

Durch seine regelmäßigen Wechselgeschäfte wurde die Frankfurter Börse, die anfangs nur zur Messezeit abgehalten wurde, zur ständigen Institution. Bodeck verdiente viel durch die halbjährlichen Messdarlehen auf den kommenden Termin. Die Geschäftsverbindungen zu den ausländischen Kaufleuten führten zu Wechselgeschäften zu den bedeutenden Handelsplätzen Antwerpen, Amsterdam, Hamburg und Venedig. Selbst dem Kaiser musste er ein Darlehen gewähren, was freilich Verluste einbrachte. Als Wohnhaus erwarb er den Goldenen Bären am Roßmarkt und 1622 das Schloss Praunheim. Johann von Bodeck, der erste große Bankier Frankfurts, hinterließ 1631 eine Million Gulden.

Die Familie von Bodeck war noch 150 Jahre in Frankfurt ansässig, hat aber das bedeutende Vermögen nicht vermehrt. Als letzter ist Carl Maximilian von Bodeck bekannt, als leichtsinniger Verschwender, der wegen unterlassener Lohnzahlung verklagt wurde. Ein sehr später Nachfahre des reichen Juwelenhändlers war der zweite Reichspräsident Paul von Hindenburg.

10 Bankhaus Bonn

Siesmayerstraße 12

Auf der Basis von Spezerei- und Farbwaren entstand das jüdische Privatbankhaus Bonn. Vor allem Johann Daniel Bonn dachte innovativ. Zweimal, 1824 und 1830, favorisierte er die Einrichtung einer Notenbank in Frankfurt. Sein Sohn Baruch Bonn (1810–1878) gründete in Frankfurt die gleichnamige Bank. Dessen Sohn Wilhelm Bonn (1843–1910) war seit 1866 Geschäftsführer des Bankhauses Speyer & Co. in New York. 1885 kehrte er als Teilhaber von Lazard Speyer Ellissen, einer der größten Frankfurter Banken, nach Frankfurt zurück. Zu diesem Zeitpunkt war er bereits Mark-Millionär. Das väterliche Bankhaus Baruch Bonn wurde von zwei Brüdern geleitet und ging 1920 in der Pfälzischen Bank auf. Größere Teile seines Vermögens spendete W. Bonn an über 20 Frankfurter Institutionen.

Im Westend gab Wilhelm Bernhard Bonn 1895–1897 den Bau eines größeren Wohnhauses in Auftrag. Architekt dieses gründerzeitlichen Palais war der Berliner Hofbaumeister Ernst Eberhard von Ihne, der auch das heutige Schlosshotel Kronberg erbaute. Der dreistöckige Bau mit überdachter Zufahrt und Gartenterrasse überragt die übrigen Villen der Nachbarschaft. Eine weitere Villa ließ Bonn als Sommersitz in Kronberg bauen, wo sie heute als Rathaus dient. In Kronberg war er auch Ehrenbürger.

Nach dem Krieg hatte hier bis zur Fertigstellung der Verwaltungsräume im Römer der Frankfurter Oberbürgermeister Walter Kolb seinen Dienstsitz. Das Gebäude gehört heute der 1923 gegründeten Frankfurter Gesellschaft für Handel, Industrie und Wissenschaft. Die Villa Bonn hat alle Zeitläufte unbeschadet überstanden. Das denkmalgeschützte Haus ist heute eine der letzten erhaltenen Frankfurter Villen der Gründerzeit.

11 Die Braunfels-Börse

Liebfrauenberg

Die Börsengeschäfte fanden traditionell unter freiem Himmel statt. Dies sollte sich 1694 ändern. Die Versammlung der Börsenmakler bezog das Haus „Großer Braunfels", eines der größten Häuser der Innenstadt. Es lag im Areal zwischen Liebfrauenberg und Sandgasse. Der Braunfels war traditionell die Herberge der deutschen Kaiser, wenn sie aus Anlass ihrer Krönung in Frankfurt weilten. Auch König Gustav Adolf von Schweden nahm hier Quartier. Die adelige Gesellschaft Frauenstein hatte das Gebäude für 15.000 Gulden gekauft und im barocken Stil umgebaut.

1682 wurde eine erste Börsenordnung erlassen, was die Etablierung einer offiziellen Börsenverwaltung zur Folge hatte. Demnach wurden an der Börse Wechselgeschäfte mit Münzen und „Wechselbriefen" getätigt. Die Makler zahlten eine Miete von 100 Reichstaler an die Eigentümer. Dafür durften sie jeden Dienstag und Freitag um 12 Uhr für eine Stunde im Braunfels ihrer Tätigkeit nachgehen. Zu erwähnen sei, dass von 1712 bis 1721 über der Börse der Komponist Georg Philipp Telemann wohnte, der in Frankfurt städtischer Musikdirektor war. 1714 heiratete er Maria Katharina Textor, so dass er entfernt mit Goethe verwandt war.

Der Eigentümer, die Ganerbschaft Frauenstein, ließ 1792 den Braunfels durch Stadtbaumeister Hess den Älteren nach Leipziger Vorbild zum größten Messhaus umbauen. In drei Stockwerken gab es Galanterie- und Modewaren zu sehen, meist aus Paris. Im Hof versammelten sich weiterhin die Frankfurter Kaufleute zur Börse, bis endlich 1837 am Paulsplatz ein eigenes Börsengebäude entstand.

12 Bankhaus Brentano

Sandgasse 12

Die aus der Lombardei stammende Familie Brentano pflegte seit dem 17. Jahrhundert Handel mit Weinen, Gewürzen und Spezereien zu Frankfurt. Domenico Brentano legte 1698 den Hauptsitz seiner großen Handelsgesellschaft in die Messestadt am Main. Einer der hervorragendsten Handelsherren Frankfurt wurde dessen noch in Tremezzo geborener Enkel Pietro Antonio Brentano (1735–1797). Er gründete eine eigene Handelsgesellschaft im Nürnberger Hof und erwarb 1776 in der Innenstadt das Haus zum Goldenen Kopf in der Sandgasse 12.

Der Kur-Erzbischof von Trier ernannte ihn zum Geheimen Rat und Residenten in Frankfurt. Er lebte einen Teil jeden Jahres in Koblenz, wo er als Generaleinnehmer und Finanzverwalter des Kurrheinischen Reichskreises tätig war. In seinen späteren Jahren übergab Pietro Antonio Brentano das Geschäft an seine Söhne Franz und Georg. Diese ermöglichten ihrem dichterisch tätigen Bruder Clemens Brentano im Rahmen des Familienvermögens ein gutes Auskommen.

Der Goldene Kopf, nun das Stammhaus der Familie Brentano, wurde zum Salon Europas. Hier verkehrten Goethe, Dalberg, Stein und die Brüder Grimm. Er blieb bis 1820 Wohn-, Handels- und Bankhaus der Familie Brentano, danach aber bis 1860 noch im Eigentum der Familie. Der Goldene Kopf verfügte über einen für Frankfurter Verhältnisse großen Innenhof. Hier trat 1820 das „Colleg", die berühmte Frankfurter Effecten-Societät zusammen, ein Zusammenschluss von 300 bankgeschäftlich interessierten Handelshäusern (1845).

13 Brentanopark

Rödelheim

Der Brentanopark in Rödelheim geht auf den Bankier Georg Brentano (1775-1851) zurück, den ältesten Sohn des erfolgreichen Kaufmanns und Bankiers Pietro Antonio Brentano. Er erwarb das Gelände an der Nidda 1808 und ließ den dortigen Garten zu einem Park umgestalten. Geschwister des Parkgründers waren der Dichter Clemens Brentano und die Dichterin Bettine von Arnim.

Zu dem Park gehört das Petrihaus auf der gegenüberliegenden Seite der Nidda. Der Bäckermeister Johannes Petri hatte es um 1720 errichtet. Georg Brentano kaufte ihm das große Gartenhaus 1819 für 1150 Gulden ab. Er widmete es seiner 18-jährigen Lieblingsnichte Maximiliane und baute es nach seinem eigenen Geschmack in einer Art schweizerischen Stil um, angeblich unter dem Einfluss des Berliner Architekten Karl Friedrich Schinkel. Das Obergeschoss beherbergte sein persönliches Schlaf- und Arbeitszimmer. Auch Schwester Bettine nutzte das kleine Haus für Gesellschaften mit anderen Schriftstellern.

Neben dem Gartenhaus steht ein 250 Jahre alter Ginkgo-Baum, angeblich einer der ältesten Europas. Das Gewächs soll Goethe zu dessen bekannten Ginkgo-Gedicht angeregt haben. Der Park kam 1926 mit dem gesamten Besitz der Brentanos in städtischen Besitz und wurde zum Betriebshof der Stadtentwässerung. In neuerer Zeit ist dort ein öffentlicher Park mit Wiesen, Spazierwegen und Spielplatz entstanden. Im nördlichen Teil liegt das große Brentanobad.

14 Claus Bromms Fehlspekulation

Zeil 46

Hans Bromm, Sohn eines Sackträgers, erwarb 1445 das Frankfurter Bürgerrecht. Er war ein führendes Mitglied der größten Frankfurter Handelsgesellschaft seiner Zeit, der Stalburg-Gesellschaft. Basis des Geschäftserfolges waren die Frankfurter Messen. Bromm wohnte im Haus zum Wetterhahn in der Mainzer Gasse. Ständig zwischen Venedig und Lübeck unterwegs, wurde für den Fall einer Gefangennahme sein Lösegeld vertraglich auf 1.000 Gulden begrenzt. Er hinterließ 1462 den Betrag von 30.000 Goldgulden und ein florierendes Unternehmen.

Hatten seine Vorfahren ein großes Vermögen erworben, so ging der Ratsherr Claus Bromm als einer der größten Geldvernichter Frankfurts in die Geschichte ein. Durch verfehlte Bündnispolitik, Soldzahlungen, Belagerungen und Strafgelder machte die Stadt Frankfurt zwischen 1546 und 1556 eine halbe Million Gulden Schulden. Zur Lösung des Problems schlug Bromm als jüngerer Bürgermeister vor, durch Beteiligung am Mansfelder Kupferbergbau hohe Gewinne zu erzielen. Die Stadt zahlte mehr als 350.000 Gulden Vorschüsse an die Grafen von Mansfeld. Diese gaben das Geld für ihre eigenen Zwecke aus. Die Spekulation mit dem Kupfer der Bergwerke von Mansfeld im Harz erwies sich als totales Fiasko.

Claus Bromm hatte mit seinen Ratschlägen die Stadt Frankfurt um insgesamt eine halbe Million Gulden ärmer gemacht. Der Rat schloss ihn aus der Patriziergesellschaft Limburg aus und zog sein großes Haus auf der Zeil ein. Claus Bromm starb 1587 kinderlos und in Armut.

15 Die Brückhof-Münze

Kurt-Schumacher-Straße

Der Brückhof lag am südlichen Ende der Fahrgasse im Gebiet vor der Alten Brücke. Jetzt erstreckt sich die breite Kurt-Schumacher-Straße über diesem Areal. Um 1800 wurden die Gebäude des Brückhofs abgerissen und zur baulichen Erschließung des östlich davon gelegenen Fischerfeldes genutzt. Auf dem Merianplan von 1628 sehen wir dort ein Gebäude mit großen Schornsteinen, was auf eine Metallschmelze hindeutet.

Das Gebiet auf der Frankfurter Seite der Alten Brücke war geradezu ein Knotenpunkt des Frankfurter Handels. Von Süden kamen die Fahrwerke über die einzig existierende Mainbrücke zwischen Würzburg und der Mündung. Der Brückenturm als Teil der mittelalterlichen Stadtbefestigung sicherte diese Stelle. Unmittelbar am Turm stand das Zollhaus zur Einnahme und Verwaltung der an der Brücke eingenommenen Abgaben. Die nahe Eisenwaage, seit 1442 in städtischem Eigentum, diente dem Abwägen von Handelswaren.

Eine Münzstätte wurde an dieser Stelle 1290 genannt und seit 1357 gibt es den „alter Myntzhof unter den Juden", was auf die nahe Judengasse verweist. Das Steuerbuch von 1419 erwähnt ausdrücklich eine Münzstätte im Brückhof. Hier waren die beiden königlichen Münzmeister Jakob Proglin und Vois von der Winterbach eifrig tätig, Goldgulden zu prägen. Münzherr war SIGISMUND ROMANORVM REX, auf der Rückseite ist zu lesen MONETA NO(va) FRANCFORD.

16 Der Bundesrechnungshof

Berliner Straße

Das Musikstück „Wut über den verlorenen Groschen" von Ludwig van Beethoven erklang, als Bundespräsident Theodor Heuß am 19. November 1953 das Gebäude des Bundesrechnungshofes in Frankfurt einweihte. Das Behördenhaus entstand nach Entwurf von Werner Dierschke an der Stelle eines Trümmergrundstücks, das die Bomben des Zweiten Weltkriegs geschaffen hatten. Der Neubau liegt zentral zwischen Berliner Straße, Paulskirche und Bethmannstraße. Hier befand sich vorher der Kornmarkt. Es entstand ein Stahlskelettbau mit Flachdach, dessen Mitteltrakt acht und die Seitenflügel sechs Stockwerke haben. Jeder Mitarbeiter verfügte über 10 qm Raum, die leitenden Beamten über 20 qm und der mit B11 wie ein Staatssekretär besoldete Präsident über 25 qm Bürofläche.

Aufgabe des Bundesrechnungshofes mit seinen 600 Bediensteten ist es, die Haushalts- und Wirtschaftsführung des Bundes zu prüfen. Sein Vorgänger war der 1871 gegründete Rechnungshof des Deutschen Reiches mit Sitz in Potsdam.

Im Zuge der Verlagerung von Behörden in den Osten der Republik und entsprechenden Kompensationen für Bonn hat der Bundesrechnungshof seit 2000 seinen Sitz in der Stadt am Rhein. Seitdem steht das Gebäude leer. Der Versuch zur Konversion in ein Hotel scheiterte. Nach einer Zwangsversteigerung im Jahr 2010 ging das denkmalgeschützte Gebäude an ein Tochterunternehmen der Helaba. Derzeit wird es in das ambitionierte Projekt „Kornmarkt Arkaden" von KSP Jürgen Engel Architekten einbezogen, welches das Ziel hat, eine der gruseligsten Stadtsituationen der Frankfurter Innenstadt aufzuwerten.

17 Citibank
Neue Mainzer Straße 52

Im März 1955 erfolgte die Fusion der 1812 gegründeten The National City Bank of New York und der 1863 gegründeten The First National Bank of the City of New York. Mit dem Attribut „first in world wide banking" engagierte sich das Institut als erste amerikanische Bank führend im Welthandel. Dies zeigte die Zahl von 58 Niederlassungen in zwanzig verschiedenen Ländern. In New York wurden 72 Filialen unterhalten. Die Bilanzsumme beider Banken vor der Fusion betrug 1954 zusammen 7,36 Milliarden Dollar. 1962 erfolgte die Umbenennung in First National Citybank. Seit 1976 galt nur noch die Kurzbezeichnung „Citibank".

Die Bank erkannte frühzeitig die wachsende Bedeutung des Standorts Deutschland für den internationalen Handel. Von 1926 bis 1941 hatte sie bereits in Berlin ein Vertretungsbüro unterhalten. Anfang 1953 eröffnete die Citybank eine Repräsentanz in Frankfurt. Sie übernahm 1974 die Kunden Kredit Bank (KKB) und wurde dadurch Marktführer im Geschäft mit Ratenkrediten. Sitz der Deutschlandzentrale als Hauptmieter war das von 1981 bis 1984 erbaute 89 Meter hohe Bürohaus an der Alten Oper, gemeinhin Citibank-Hochhaus genannt.

Nach großen Verlusten und im Zuge des Konzernumbaus verkaufte die Citibank 2008 das deutsche Privatkundengeschäft an den Crédit Mutuel für 4,9 Milliarden Euro. 2010 wurde aus der Citibank Deutschland die Targobank.

18 Commerzbank
Kaiserstraße 30

Die Commerzbank wurde 1870 von überwiegend hanseatischen Bankiers und Kaufleuten in Hamburg als Commerz- und Disconto-bank gegründet. Zum Gründerkreis gehörte auch das Frankfurter Bankhaus B.H. Goldschmidt. Für kurze Zeit (1897 – 1903) fusionierte sie mit dem Bankhaus Dreyfus, das die Frankfurter Filiale der Groß-bank war.

Von großer Bedeutung war 1929 die Übernahme der in Frankfurt angesiedelten Mitteldeutschen Creditbank. In der Weltwirtschafts-krise kam die Aktienmehrheit durch eine Kapitalerhöhung in den Besitz des Deutschen Reiches und der Reichsbank.

Mit dem Ende des Weltkriegs wurden die Großbanken zerschlagen. Das Frankfurter Nachfolgeinstitut hieß Mitteldeutsche Creditbank und seit dem Großbankengesetz von 1952 Commerz- und Credit-bank. Sechs Jahre später fusionierten die Teilbereiche wieder zur Commerzbank. Erst 1990 verlegte diese ihren juristischen Sitz von Düsseldorf nach Frankfurt. Im Jahr 2008 übernahm die Commerz-bank die Allianz-Tochter Dresdner Bank. Der nach Entwurf von Sir Norman Foster 1993 bis 1997 erbaute Commerzbank Tower hat 65 Obergeschosse und war zu dieser Zeit das höchste Gebäude Europas. Nach wie vor ist er das höchste Gebäude Deutschlands und ein Markstein der beeindruckenden Frankfurter Skyline.

19 Darmstädter Bank

Neue Mainzer 45

Als erste deutsche Aktienbank neuen Typs wurde 1853 in Darmstadt von Kölner Bankiers die Bank für Handel und Industrie gegründet. Das Grundkapital von 25 Millionen Gulden wurde vierfach überzeichnet. Im Aufsichtsrat befanden sich die Frankfurter Bankiers Bethmann, Petsch-Goll und Goldschmidt. Die Frankfurter Filiale wurde 1864 eröffnet.

Die Darmstädter Bank befand sich in Frankfurt an einem topografischen Knotenpunkt des alten Finanzplatzes. Vorher stand dort ein von dem Pariser Architekten Salins de Montfort erbautes Palais. Dieses Gebäude erwarb 1839 Amschel Mayer von Rothschild für seinen Wiener Neffen und späteren Bankerben in Frankfurt. Anschließend war der Pariser Vetter Eduard von Rothschild Eigentümer des Hauses. Nach Abriss des alten Palais erfolgte hier von 1889 bis 1892 der Neubau der Darmstädter Bank durch die Architekten Neher und van Kaufmann. Gegenüber und über Eck entstanden die Gebäude der Reichsbankhauptstelle Frankfurt und der Frankfurter Bank.

Direktor der Frankfurter Filiale war um 1900 der Handelskammerpräsident Kommerzienrat Jean Andreae. In diese Zeit (1905) fällt die Übernahme der angesehenen Frankfurter Privatbank Philipp Nikolaus Schmidt durch die Darmstädter Bank. 1922 fusionierte die Darmstädter Bank mit der Nationalbank für Deutschland zur Darmstädter und Nationalbank, kurz Danat-Bank. Sie war die zweitgrößte Bank des Deutschen Reiches. Der Zusammenbruch der Danat-Bank am 13. Juli 1931 bedeutete in Deutschland den Höhepunkt der Weltwirtschaftskrise. Sie wurde auf Weisung der Reichsregierung mit der Dresdner Bank fusioniert.

20 Degussa

Schneidwallgasse

Die Münchener Münzkonferenz von 1837 führte zu einer Vereinheitlichung im Münzwesen süddeutscher Staaten. In Reaktion darauf erbaute die Freie Stadt Frankfurt eine Neue Münze und bestellte Friedrich Ernst Roessler (1813–1883) zum städtischen Münzward ein. Diese Stellung hatte er auch nach der preußischen Annexion bis 1873 inne. Daneben richtete er eine Scheideanstalt ein, die er unabhängig von der staatlichen Münze als Privatunternehmen führte. Das Grundstück in der Schneidwallgasse, dem langjährigen Sitz der Degussa-Hauptverwaltung, wurde 1860 erworben.

Mit der Reichsgründung 1871 und Einführung der Mark wurde das Unternehmen beauftragt, die alten Münzen zu scheiden und das Metall für die neue Währung bereitzustellen. Daher wurde die Firma 1873 mit Hilfe mehrerer Frankfurter Banken in eine Aktiengesellschaft namens „Deutsche Gold- und Silberscheideanstalt vormals Roessler" umgewandelt. Es entstand ein international expandierendes Unternehmen, dessen Tätigkeit sich auf weitere Metallprodukte und Chemikalien erweiterte. Eine Erfolgsgeschichte war die Entwicklung von Perborat (Persil).

Die Brücke von der Degussa zur Deutschen Geldwirtschaft ist eine doppelte: In der fernen Vergangenheit bestand eine enge Verbindung mit der Münzstätte. In der näheren Vergangenheit gab es das Edelmetallgeschäft, das eine bankähnliche Zahlungsbereitschaft erfordert und schließlich auch zur Errichtung der 2001 verkauften Degussa-Bank führte. Heute gehört die Degussa zu Evonik Industries.

21 Degussa Goldhandel

Kettenhofweg 29

Die Degussa gilt als eines der traditionsreichsten Frankfurter Unternehmen. Mit Abriss der Hauptverwaltung in der Schneidwallgasse und der Neubebauung des Geländes durch die DIC verschwand sie sichtbar aus dem Frankfurter Stadtbild. Genau zu diesem Zeitpunkt verkaufte der Essener Evonik-Konzern, in dem die Degussa aufgegangen ist, die Namensrechte zu einem überschaubaren Betrag. Käufer war eine der Vermögensverwaltungen des Münchener Milliardärs August von Finck.

Mit dem Erwerb des eingeführten Namens entstand eine Geschäftsidee. Sitz von Degussa-Goldhandel wurde die wunderbar renovierte „Villa Cronhardt" im Frankfurter Kettenhofweg. Der markante spätklassizistische Rundbau an der Ecke zur Niedenau entstand 1872 nach Entwürfen von Carl Ludwig Schmidt für den Geschäftsmann Johann Georg Cronhardt. In diesem Haus befindet sich eine Verkaufsstelle von Gold- und Silberbarren zum Tagespreis für jedermann. Im Foyer zeigt eine kleine Ausstellung historische Gold- und Silberbarren, etwa von versunkenen Schiffen. Derartige Verkaufsschalter hat Degussa-Goldhandel auch in mehreren anderen deutschen Großstädten in zentraler Lage eingerichtet. Bargeld in ansehnlichen Beträgen kann auf praktische Art in jedweder Stückelung zu Gold gemacht werden. Die Barren haben ein aufgeprägtes Degussa-Logo, was das Vertrauen in sie noch bedeutend verstärkt.

Mit Kauf der Namensrechte warb Degussa-Goldhandel auch mit der Historie des Namens „Degussa, Gold und Silber ab 1843". Diese Werbung mit einer angeblichen Firmenkontinuität wurde auf Antrag der Evonik ab 2014 untersagt.

22 Bankhaus de Neufville

Kleiner Hirschgraben 4

Die Mitglieder der Familie de Neufville kamen seit 1575 als reformierte Glaubensflüchtlinge aus dem Artois nach Frankfurt. Ihre
wirtschaftliche Basis war der Handel mit flämischen Tuchen, Seide,
Juwelen und Metallen. Das Stammhaus der Firma war der „Hirsch-
kopf" im Kleinen Hirschgraben 4. Schon Sebastian de Neufville der
Jüngere (1581–1634) besaß ein Vermögen von 270.000 Gulden, mit
dem er Wechsel- und Speditionsgeschäfte betrieb, die denen eines
Bankhauses glichen. Mitglieder der Familie finden sich seitdem in
führenden Positionen der Börse, des Patriziats, der niederländischen Gemeinde und des Bankwesens.

Seit etwa 1650 war das Haus de Neufville das führende Institut der
Frankfurter Banken- und Börsenwelt. Zu ihren Kunden gehörten
die Herzöge von Lothringen, die Grafen von Nassau und zahlreiche
weitere Fürsten. Familienmitglieder waren bei der Gründung der
Frankfurter Handelskammer beteiligt und 1827 und 1830 stellten
sie mit Friedrich Philipp Wilhelm von Malapert-de Neufville den älteren Bürgermeister der Freien Stadt Frankfurt. Zu ihrem Grundbe-
sitz gehörte auch das Haus Roßmarkt 23.

Das Stammhaus am Hirschgraben wurde 1863 neu errichtet, fiel
aber 1944 dem Bombenkrieg zum Opfer. Aus jüngerer Zeit ist Johann Gustav Adolf de Neufville (1848–1942) bekannt, Mitbegründer des Bankhauses Maerklin & Co., Ehrenpräsident der Handelskammer und bedeutender Stifter.

23 Deutsche Börse AG

Eschborn, Mergenthaler Allee 61

„Deutsche Börse flieht aus Frankfurt", titelte 2010 DER SPIEGEL. Anlass war der Umzug der „Deutsche Börse AG" vom erst zehn Jahre zuvor bezogenen Industriehof in Hausen in die nur fünf Kilometer entfernte Stadt Eschborn. Mit der Entscheidung für diesen Standort dicht hinter der Stadtgrenze spart der Konzern jährlich 60 Millionen Euro Gewerbesteuer. Ein struktureller Umbau samt Stellenabbau ging damit einher.

Der neue Hauptsitz „The Cube" ragt deutlich aus dem Gewerbesteuerflüchtereinerlei der Frankfurter Banlieue heraus. Der von Ernst & Young, einem Volvo-Autohaus und der PSD-Bank umgebene würfelförmige Bau ist 90 Meter hoch und hat 21 Stockwerke. Entwurf und Ausführung stammen von KSP Jürgen Engel Architekten. Das Domizil für die 2.000 Beschäftigten kostete gut 200 Millionen Euro. „The Cube" ist aus zwei L-förmigen Türmen zusammengesetzt, die durch elf Stege und acht Brücken miteinander verbunden sind. Das Haus ist komplett mit verglasten raumhohen Fenstern umgeben, die viel Tageslicht zulassen. Die Gesamtfläche beträgt 65.215 qm.

Alles ist auf dem neusten Stand: Zaun, Energiekonzept, Büroflächen, Tiefgarage, Parkhaus mit 886 Stellplätzen, Gepäckkontrolle, Fitnessstudio, Autobahnanschluss, S-Bahn-Station, Betriebsrestaurant, Lüftungskonzept, Kunstsammlung und vieles mehr. Das Gebäude ist von der Deutschen Börse AG zunächst bis zum 30. 9. 2015 angemietet.

24 Deutsche Bank
Junghofstraße 9–11 (1962)

Die Deutsche Bank wurde 1870 in Berlin vor allem zur Finanzierung des rasch anwachsenden deutschen Überseehandels gegründet. Daran war an führender Stelle das Frankfurter Bankhaus Gebrüder Sulzbach beteiligt. Die Bank übernahm 1886 den Frankfurter Bankverein und eröffnete in dessen Gebäude Kirchnerstraße/Ecke Kaiserstraße die „Frankfurter Filiale der Deutschen Bank", neben den bestehenden Niederlassungen in Hamburg, Bremen und London. 1894 trat Arthur von Gwinner, aus einer renommierten Frankfurter Patrizierfamilie stammend, in den Vorstand der Bank ein, deren Sprecher er von 1909 bis 1919 wurde.

1929 fusionierte die Deutsche Bank mit der Berliner Disconto-Gesellschaft. Diese hatte 1901 in Frankfurt das Bankhaus M.A. Rothschild & Söhne übernommen und 1904 ein neues Bankgebäude am Roßmarkt 18 fertiggestellt. 1937 erfolgte die Vereinigung beider Niederlassungen in diesem Gebäude; zugleich wurden die laufenden Geschäfte des 1848 in Frankfurt gegründeten Bankhauses Ladenburg übernommen. Im Zuge der Entflechtung war die Filiale Frankfurt zunächst Kernstück der „Hessischen Bank" und dann der „Süddeutschen Bank".

Nach der Rekonzentration machte die Deutsche Bank den Standort Frankfurt im Jahr 1957 zum Sitz ihrer Zentrale. Dort übernahm sie unter anderen die 1825 gegründete Frankfurter Privatbank Grunelius. 1966 bezog die Bank das Hochhaus Große Gallusstraße 10–14; das bekannte Hochhaus mit den Zwillingstürmen wurde im Dezember 1984 zur Zentrale des Instituts.

25 Deutsche Bundesbank
Wilhelm-Epstein-Straße 14

Die Deutsche Reichsbank wurde 1876 als Zentralbank des Deutschen Reiches gegründet. Die Frankfurter Filiale der Königlich Preußischen Bank, errichtet 1874 als repräsentatives Gebäude in der Junghofstraße 26, wurde in die Reichsbankhauptstelle Frankfurt umgewandelt. In der Weimarer Republik genügte dieser Bau nicht mehr den aktuellen Aufgaben. Daher wurde 1930 bis 1932 von dem Architekten Heinrich Wolff (Reichsbankbaubüro) ein neues Gebäude für die Reichsbankfiliale erbaut. Dafür mussten zwei klassizistische Villen am Anlagenring fallen. Eine davon (Taunusanlage 5) war das Haus des bekannten Bankiers, liberalen Politikers und Gründers der Frankfurter Zeitung, Leopold Sonnemann.

Am 1. März 1948 wurde hier die Bank Deutscher Länder gegründet. Sie ist die funktionale Nachfolgerin der Reichsbank, was sich auch am Personal ablesen ließ. Die Reichsbankdirektoren Wilhelm Vocke und Karl Blessing saßen in beiden Instituten. Die wichtigste Aufgabe von Direktorium und Zentralbankrat der Bank war es, die Währungsreform in den drei deutschen Westzonen durchzuführen. An dieses Ereignis erinnert eine große Plakette, die sich am Haupteingang des Bankgebäudes befindet.

1957 ging aus der Bank Deutscher Länder die Deutsche Bundesbank hervor, nach wie vor am Sitz Taunusanlage 5. Eine neue Zentrale für die Deutsche Bundesbank im Frankfurter Stadtteil Bockenheim wurde von 1967 bis 1972 nach Plänen des Architekten Otto Apel errichtet. Heute ist sie Teil des europäischen Systems der Zentralbanken. Im Geldmuseum der Deutschen Bundesbank ist eine eindrucksvolle Ausstellung zur Geschichte des deutschen Marktwährung in ihrem historischen und ökonomischen Umfeld zu sehen.

26 Deutsche Effecten- und Wechselbank

Kaiserstraße 30

Löb Amschel Hahn, dessen Familie 1530 aus Worms nach Frankfurt gekommen war, gründete dort 1821 das Privatbankhaus L.A. Hahn. Ihr erstes Domizil hatte die Bank, die zunächst nur das Geldwechslergeschäft betrieb, im Wollgraben 8. 1856 übersiedelte das Bank- und Wechselhaus in die Zeil 35 gegenüber der Hauptpost.

1872 erfolgte bei einsetzender Hochkonjunktur die Umwandlung der Privatbank in eine Aktiengesellschaft unter Umfirmierung als Deutsche Effecten- und Wechselbank. Das Gründungskapital betrug 10 Millionen Taler, entsprechend 30 Millionen Mark. Alsbald war die Bank bei Emissionen ausländischer Anleihen beteiligt, vor allem bei Österreichisch-Ungarischen Eisenbahn-Prioritäten. Der Firmensitz befand sich seit 1906 in der Frankfurter Kaiserstraße 30 im Kaiser Karree. Als sich der Schwerpunkt der Börsengeschäfte nach Berlin verlagerte, baute die Bank das Kredit- und Kontokorrentgeschäft aus.

1927 erfolgte unter dem vorausschauenden Geschäftsführer Lucien Albert Hahn eine erhebliche Ertragssteigerung. Zwei Jahre später wurde die Deutsche Vereinsbank im Zuge einer Fusion übernommen. Auf politischen Druck hin musste sich 1936 die Eigentümerfamilie zurückziehen. Das Bankgebäude wurde zerstört und wieder aufgebaut. Die Bank als Institut überstand diese Zeit und L. Albert Hahn konnte bis 1968 wieder an führender Position tätig sein. 1956 war das Haus unter den Gründern der Union Investment. Seit 1969 ging die Bank über das Bankhaus Warburg an die Credit Suisse.

27 Dresdner Bank

Jürgen-Ponto-Platz

Die Dresdner Bank wurde 1872 in Dresden gegründet, unter Beteiligung der in Frankfurt ansässigen Deutschen Vereinsbank. 18 Jahre später wurde die Zentrale nach Berlin verlegt. Die Dresdner Bank übernahm 1904 das bedeutende 1848 in Frankfurt gegründete Bankhaus Erlanger und machte es zum Sitz seiner Frankfurter Filiale. Vor dem Krieg wuchs die Bank durch Ausdehnung des Filialnetzes und durch umfangreiche Auslandsgeschäfte.

Führender Mann der Dresdner Bank im 20. Jahrhundert war der Frankfurter Bankier Carl Goetz (1885–1965). Goetz war 1933 bis 1936 Vorstandssprecher und seitdem bis 1965 Aufsichtsratsvorsitzender der Bank und ihrer Nachfolgeinstitute. 1932 fusionierte die Dresdner Bank auf Anordnung der Reichsregierung mit der Darmstädter und Nationalbank, die beim Börsencrash 1929 große Verluste gemacht hatte. Das Reich und die Reichsbank übernahmen die Aktienmehrheit des Instituts.

Nach der Entflechtung von 1947 wurde das hessische Teilinstitut der Dresdner Bank zur Rhein-Main Bank und 1952 zur Rhein-Main Bank AG. Mit dem Zusammenschluss der drei Nachfolgeinstitute 1957 nahm die Dresdner Bank ihren juristischen Sitz in Frankfurt. Zwanzig Jahre später ereignete sich die tragische Ermordung ihres Vorstandssprechers Jürgen Ponto vor seinem Haus in Oberursel. 1978 zog die Konzernzentrale in den Silberturm, seinerzeit das höchste Gebäude Deutschlands. 2001 wurde die Dresdner Bank von der Allianz AG übernommen und 2008 an die Commerzbank weitergereicht.

28 Bankhaus Dreyfus

Alte Rothofstraße 8

Als Teilhaber der von seinem Vater in Basel gegründeten Bank gründete Jacques Dreyfus-Jeidels (1826–1890) im Jahr 1868 eine Bank in Frankfurt. 1872 nahm er seinen Sohn Isaak (1849–1909) als Teilhaber auf. Zu diesem Zeitpunkt verdiente das Haus viel an dem großen Arbitragegeschäft in der Folge des Krieges von 1870/1871. Weitere Geschäftsfelder waren die Börseneinführung von Eisenbahnaktien und Konvertierung von Staatsanleihen.

Stets gab es bei Dreyfus besondere Beziehungen zum Schweizer Geldmarkt. Daher beteiligten sich 1890 die Schweizerische Kreditanstalt und der Baseler Bankverein als Kommanditisten. Dies endete, als J. Dreyfus & Co. vorübergehend (1897–1903) mit der Commerz- und Discontobank fusionierte. 1904 wurde die Großbankfiliale wieder in eine Privatbank rückverwandelt.

Den Verlagerungen der Finanzströme folgend errichtete Dreyfus 1919 in Berlin mit der Übernahme des Bankgeschäfts S. L. Landsberger eine selbstständige Filiale. Die Niederlassung Frankfurt übertrug im Mai 1937 ihre Aktiv- und Passivposten, einen Teil des Personals, Beteiligungen und die Zahlstellenfunktion auf die befreundete Privatbank B. Metzler. Die Berliner Niederlassung ging an Merck, Finck & Co. über.

29 Druckerei Dondorf & Naumann

Kleiner Kornmarkt 14

Das Kaiserreich Japan stellte 1870 die Geldversorgung auf moderne Banknoten in europäischer Machart um. Die Scheine wurden in der Frankfurter Saalgasse gedruckt. Empfänger des prestigereichen Auftrags war die Druckerei Dondorf & Naumann, ein ausgewiesener Hersteller von Banknoten und Wertpapieren.

Bernhard Dondorf, geboren 1809 in Frankfurt und gestorben 1902 ebendort, erlernte das Handwerk des Lithografen in C. Naumanns Druckerei in Frankfurt. 1833 erwarb er das Frankfurter Bürgerrecht und eröffnete eine lithografische Anstalt in der Saalgasse zwischen Römer und Main. Zunächst stellte er Bilderbücher, Lampenschirme und Glückwunschkarten her. Zusammen mit der Druckerei Naumann am Kleinen Kornmarkt verlegte er sich auf die Herstellung von Banknoten.

Die ersten Guldenscheine der Frankfurter Bank entstanden bei Dondorf; weitere Kunden waren das Großherzogtum Luxemburg, einige Schweizer Kantone und das Königreich Italien. Es war die Qualität der italienischen Geldscheine, die in Japan Bewunderung erregten. Daher ging der Auftrag an Dondorf, Noten der japanischen Staatsbank zu entwerfen. Die Scheine sollten im Hochformat mit japanischer Motivik vorgestellt werden. Die Entwürfe gefielen und der Druck echter und fälschungssicherer Scheine ging vonstatten.

Der japanische Staatsauftrag ermöglichte eine Verlegung und Vergrößerung des Druckbetriebs. Dondorf erwarb dafür ein Grundstück in der Bockenheimer Landstraße 136.

30 DZ-Bank

Westendstraße 1

Das schlanke 208 Meter hohe Haus mit dem eleganten Strahlenkranz ist eines der schönsten Hochhäuser Frankfurts. Es wurde von 1990 bis 1993 erbaut. Umgangssprachlich wird es als Kronenhochhaus bezeichnet. Unter dem Kranz auf der obersten Etage befindet sich die Sky Lobby, eine großartige Bar, die 1998 von dem amerikanischen Lichtkünstler James Turell gestaltet wurde. Leider ist sie nicht zum öffentlichen Trinken zugänglich. Weiterhin beherbergt das Gebäude eine bedeutende Sammlung künstlerischer Fotografie mit über 6.000 Werken.

Die DZ-Bank ist das Zentralinstitut des genossenschaftlichen Finanzsektors. Als solche vertritt sie 900 Volksbanken, Raiffeisenbanken, Spardabanken, PSD-Banken und andere Genossenschaftsbanken mit über 12.000 Geschäftsstellen. Als Geschäftsbank für nationale und internationale Firmenkunden ist sie im Investment Banking, strukturierter Finanzierung und Corporate Finance tätig. Beteiligt ist sie an der Bausparkasse Schwäbisch Hall, der R+V Versicherung und an Union Investment.

Die DZ-Bank in ihrer heutigen Form entstand 2001 aus einer Fusion der Deutschen Genossenschafts/DG-Bank mit der GZ-Bank. Vorgängerinstitut in Hessen war 1913 die Landesbauernkasse Rhein-Main-Neckar mit Sitz in Frankfurt. Sie hatte als Zentralinstitut die preußische Zentralgenossenschaftskasse mit Sitz in Berlin. Sie wurde nach dem Zweiten Weltkrieg in Frankfurt unter dem Namen Deutsche Genossenschaftskasse neu errichtet und 1975 in DG-Bank umbenannt.

31 Bankhaus Erlanger

Roßmarkt 14

Der aus Heppenheim stammende Ludwig Moritz Erlanger (1780 – 1857) und sein Sohn Raphael Erlanger (1806 – 1878) waren zunächst beide Wechselmakler an der Frankfurter Börse. Raphael Erlanger gründete 1848 sein eigenes Bank- und Wechselgeschäft, das bald nach Rothschild das zweitgrößte in Frankfurt wurde. Durch eigene Bankhäuser in Wien, London und Paris führte Erlanger in diesen Ländern Staatstransaktionen durch. Er erhielt Adelstitel von Portugal, Sachsen-Meiningen und Österreich. Sogar Bismarck bediente sich seiner für staatliche Erfordernisse. In Frankfurt gründete er 1862 mit Gebr. Bethmann die Frankfurter Hypothekenbank und stiftete den Kaiserbrunnen auf dem Roßmarkt.

Die Bank ging nach dem Tod des Vaters in die Hände von Ludwig Freiherr von Erlanger (1836 – 1898) über. In Zusammenarbeit mit seinen Brüdern in London und Wien setzte er die Geschäfte mit privaten und staatlichen Anleihen, Gründung industrieller Unternehmungen und Beteiligung an Eisenbahngesellschaften fort. Im privaten Leben widmete er sich dem Pferdesport mit der Rennbahn in Frankfurt-Niederrad und erwarb an der Stätte seiner sommerlichen Kuren das Schloss Rheingrafenstein bei Kreuznach.

Aus der Familie Erlanger kamen Mäzene und Künstler. Ludwig von Erlangers drei überlebende Kinder waren Mädchen, was der erblichen Fortführung des Bankhauses nicht dienlich war. 1904 übernahm die Dresdner Bank das Bankhaus Erlanger und machte es zum Sitz ihrer Frankfurter Filiale.

32 Die Europäische Zentralbank

Sonnemannstraße

Geld- und Währungsunionen haben in der Geldgeschichte eine Tradition von 2500 Jahren. Im antiken Griechenland hatten bereits die Mitgliedsstaaten der politischen Bündnisse der Böoter, der Arkader, der Aitoler, der Achaier und der Thessaler einheitliche Münzbilder. Im deutschen Mittelalter waren Münzvereine ebenfalls keine Seltenheit, so zwischen Ständen am Oberrhein, in Franken, an der Ostsee und am Mittelrhein. Unter Führung Frankreichs entstand 1865 die Lateinische Münzunion, an der Belgien, Spanien, die Schweiz, Italien, Griechenland und Österreich-Ungarn beteiligt waren.

Der Weg zum Euro begann konkret 1970 mit der Ausarbeitung eines Stufenplanes zur europäischen Wirtschafts- und Währungsunion durch Pierre Werner, Ministerpräsident Luxemburgs. In mehreren Schritten führte dies zu den Maastrichter Verträgen, die 1992 von den Parlamenten aller Mitgliedsstaaten ratifiziert wurden. Am 1. Januar 1999 startete die Währungsunion mit der Festlegung der Währungskurse. Drei Jahre später erfolgte die Ausgabe von Münzen und Banknoten in Eurowährung.

Sitz des neuen Geldes war Frankfurt am Main. 1994 erfolgte die Gründung des Europäischen Währungsinstitutes (EWI) als Vorgängerinstitution der Europäischen Zentralbank (EZB). Diese entstand 1998 als gemeinsame Behörde der Mitgliedsstaaten der Europäischen Währungsunion. Beide Institute residierten im ehemaligen Hochhaus der BfG am Willy-Brandt-Platz. 2015 zog die EZB in ihr eigenes Gebäude im Ostend um.

33 Falschmünzerei

Allerheiligengasse

Ein Eisenhändler brachte am 13. März 1762 einen ihm unbekannten Bettelbuben zur Anzeige, der mit einem falschen Fünfzehnkreuzerstück aus Blei bei ihm Nägel kaufen wollte. Bei der Vernehmung kam heraus, dass es sich um den 13-jährigen Karl Christian Sichel aus Kröffelbach bei Wetzlar in der Grafschaft Solms-Braunfels handelte. Dessen Mutter gab an, Frau eines 56-jährigen Wundarztes zu sein, der sie Weihnachten 1761 mit drei Kindern habe sitzen lassen.

Die Familie Sichel mit Vater Karl Ludwig, etwa 56 Jahre alt und mittelgroß, Frau Elisabeth, 45 und hochschwanger, Sohn Karl Christian und zwei Mädchen hatten schon längere Zeit für einen Gulden Monatsmiete bei der Witwe Anna Susanna Gernhard im Langen Gang gewohnt. Der Lange Gang war eine Gasse in der östlichen Altstadt, die von der Allerheiligenstraße hinter den nördlichen Abschnitt der Judengasse führte.

Bei einer Hausdurchsuchung fand sich das gesamte Werkzeug einer kleinen Falschmünzerwerkstatt: eine Gießflasche und ein Gießlöffel aus Blech, ein Topf mit Asche, Zinn, drei falsche Fünfzehner und ein falscher Kreuzer. Die vaterlose Familie gab an, von diesen Vorgängen nichts gewusst zu haben. Allerdings war sie vorher schon in Neuwied und Homburg vor der Höhe als kriminelles Landstreicherehepaar aktenkundig. Nach einem Rechtsgutachten durch Juristen der Universität Mainz beschloss der Rat die Ausweisung der Familie Sichel, verbunden mit dem Gelöbnis, das Hoheitsgebiet der Stadt nie wieder zu betreten.

34 Frankfurter Bank

Bockenheimer Landstraße 10

Die Frankfurter Bank war die Staatsbank der Freien Stadt Frankfurt. Die Bankfirmen Grunelius & Co., M.A. Rothschild & Söhne und die Frankfurter Vereinskasse legten dem Frankfurter Senat den Entwurf einer Notenbanksatzung vor, die 1854 genehmigt wurde. Als Zentralbank sollte sie auf solidester Grundlage dem Interesse der Frankfurter Wirtschaft dienen und den Geldumlauf erleichtern. Dies geschah unter anderem durch Ausgabe von Banknoten in süddeutscher Guldenwährung. Das Bankgebäude stand 1854 bis 1891 in der Münzgasse.

Unter dem ersten Direktor Gillée wurde die Frankfurter Bank zu einer der ersten Banken Süddeutschlands. Nach der preußischen Annexion der Stadt 1866 zahlte sie die ersten sechs Millionen Gulden der Kontribution. Ein neues Gebäude in der Neuen Mainzer Straße 69 wurde 1891 bezogen und 1944 völlig zerstört. 1901 beschloss die Generalversammlung der Bank, auf das Notenprivileg zu verzichten.

Nach 1945 wurde die Frankfurter Bank zu einer modernen Geschäfts- und Außenhandelsbank. Die bis 1962 filiallose Kreditbank erstreckte sich über das ganze Bundesgebiet. 1970 fusionierte sie mit der Berliner Handelsgesellschaft zur BHF-Bank, dem größten Bankzusammenschluss in Deutschland seit über 40 Jahren. Sitz der Bank ist das 1965 fertiggestellte Hochhaus im Westen des Rothschildparks, geplant von Sep Ruf, einem 82 Meter hohen und ursprünglich mit weißem Marmor verkleideten Bau. 1995 erfolgte die Umwandlung von einer Kommanditgesellschaft zu einer Aktiengesellschaft. Nach kurzem Zwischenspiel bei Sal. Oppenheim gehört die BHF-Bank heute einer Investorengruppe.

35 Frankfurter Hypothekenbank

Gallusanlage 8

Die Frankfurter Hypothekenbank ist die älteste reine Hypothekenbank Deutschlands. Der Senat der Freien Stadt Frankfurt geneh-
migte sie 1862 auf Antrag der Bankhäuser Gebr. Bethmann und
Raphael Erlanger bei einem Grundkapital von 5 Millionen Gulden.
Die Pfandbriefe der Bank wurden 1863 erstmals an der Frankfurter
Börse notiert. Später wurde die Ausgabe von Kommunalobligatio-
nen aufgenommen.

Die Bank stand 1914 auf dem Höhepunkt ihrer Entwicklung. Sie hatte einen Darlehensbestand von 546 Millionen Mark und ein Aktienkapital von 22 Millionen Mark bei 29 Millionen Mark Reserven.
Nach der Inflationszeit begann der Aufbau des Neugeschäfts mit
der Ausgabe achtprozentiger Pfandbriefe auf Feingoldbasis. Billi-
ges Auslandskapital nach Deutschland brachte die Bank durch Auf-
legung von vier Auslandsanleihen 1928 und 1929 in Holland und der
Schweiz. 1930 erfolgte die Übernahme der Frankfurter Pfandbrief-
Bank, die aus dem Frankfurter Hypotheken-Kreditverein von 1867
hervorgegangen war.

Ein Vorstandsmitglied der Frankfurter Hypothekenbank ab 1936
war Karl Bernard (1890–1972), der spätere Vorsitzende des Zen-
tralbankrats Deutscher Länder. 1971 erfolgte die Übernahme durch
die Deutsche Bank und 1998 die Eingliederung in die Eurohypo (alt).
Ab 2006 ist die Bank eine Tochtergesellschaft der zur Commerzbank gehörenden Eurohypo (neu).

36 Frankfurter Sparkasse von 1822

Zeil 65-69

Die Polytechnische Gesellschaft zu Frankfurt gründete im Jahr 1822 eine Sparkasse. Ziel der Gesellschaft war es, fortschrittliche Ideen bei Kultur, Bildung, Sozialem, aber auch in der Wirtschaft zu fördern. Unbemittelte Personen, Dienstboten und Handwerker sollten die Möglichkeit bekommen, Geld zu sparen. Das erste Zahlkontor befand sich in der Großen Sandgasse, wo am Eröffnungstag neun Personen 416 Gulden einzahlten. Daraus entwickelte sich eine Institution, die das Kultur-, Wissenschafts- und Sozialwesen Frankfurts über alle Maßen prägte.

1953/1954 wurde innerhalb von nur sieben Monaten das Bienenkorbhaus als neuer Sitz der Frankfurter Sparkasse von dem Architekten Johannes Krahn erbaut. Es war mit 12 Geschossen und 43 Meter Höhe seinerzeit eines der höchsten Gebäude Frankfurts. Die Hauptfassade weist nach Osten und dominiert die Konstablerwache. Der gleiche Architekt wurde 1955 mit der Errichtung der Hauptstelle Neue Mainzer Straße 51/53 beauftragt. Anlässlich des 150-jährigen Bestehens im Jahr 1972 ermöglichte die Sparkasse mit einer Großspende die Errichtung des Neubaus des Historischen Museums Frankfurt.

1989 fusionierte die Frankfurter Sparkasse von 1822 mit der Stadtsparkasse Frankfurt, womit die viertgrößte deutsche Sparkasse entstand. Sie verfügte über 140 Filialen. 2005 verkaufte die Polytechnische Gesellschaft ihre Anteile an der 1822 an die Landesbank Hessen-Thüringen für 725 Millionen Euro. Der Kaufpreis floss der neugegründeten Stiftung „Polytechnische Gesellschaft" zu.

37 Frankfurter Volksbank

Kalbächer Gasse

Liberale Volkswirte und fortschrittliche Politiker wie Leopold Sonnemann sahen in Frankfurt die Notwendigkeit von Selbsthilfeeinrichtungen für den mittleren Gewerbestand. Auf Initiative von Dr. Ernst Passavant erfolgte 1862 im Haus der Polytechnischen Gesellschaft die Gründung der „Frankfurter Gewerbekasse". 81 namhafte Bürger wählten den angesehenen Bankier Adolph Reinach an die Spitze des Instituts.

Im Vorstand der Gewerbekasse waren unter anderem Juristen, Bankiers, Politiker, Drucker, Unternehmer, Apotheker, Buchhändler, Uhrmacher, Maurer und Weißbinder. Der erste Geschäftsraum befand sich im „Comptoir" des Kassierers C.L. Wüst, einem Spielkartenfabrikanten, in der Großen Gallusgasse 15, seit 1863 im Hôtel du Nord, Große Gallusgasse 17, seit 1868 zum Großen Kornmarkt 18, seit 1873 in der Große Eschersheimer Gasse, dem Gebäude der Frankfurter Zeitung von Leopold Sonnemann. 1878 bezog die Gewerbekasse erstmals ein eigenes Haus, das Eckhaus Kalbächer Gasse/Börsenstraße. Zweigstellen gab es noch keine. Dank guter geschäftlicher Entwicklung konnte sie Dividenden von 5 bis 8% an die Mitglieder zahlen. Allerdings machten nach dem Ersten Weltkrieg Inflation und Weltwirtschaftskrise der Gewerbekasse schwer zu schaffen.

Die heutige Frankfurter Volksbank entstand 1943 durch eine Zwangsfusion der Gewerbekasse mit drei anderen Kreditgenossenschaften, der Frankfurter Genossenschaftsbank, der Hausbesitzerbank und der Bank für Handel und Gewerbe. Am Tag der Währungsreform hatte die Volksbank 4.400 Mitglieder und 1961 über 8.000. Durch eine große Anzahl von Fusionen wuchs die Zahl der Genossenschaftsmitglieder auf heute ca. 186.000.

38 Frankfurt School of Finance & Management

Sonnemannstraße 9-11

Der Gabler-Verlag (Heute: Springer Gabler), ein traditionsreicher Fachverlag zum Thema Wirtschaft, gründete 1957 eine Bankakademie als eingetragenen Verein. Seit 1966 trugen Banken und Kreditgewerbe die Institution, um ihre Mitarbeiter weiterzubilden. Es konnten die nichtakademischen Qualifikationen Bankfachwirt und Bankbetriebswirt erworben werden.

Den Weg zum universitären Betrieb nahm die Schule auf, als 1990 die Hochschule für Bankwirtschaft gegründet wurde. Sie verlieh den Titel des Diplom-Betriebswirts (FH). Das Studium fand in der Regel neben der Berufspraxis statt. Als im Jahr 2000 das Bachelor- und Mastersystem eingeführt wurde, blieb es beim berufsintegrierten Studium; parallel dazu wurden normale Vollzeitstudiengänge eingeführt. Ihr Sitz ist seit 2001 in der Sonnemannstraße im Frankfurter Ostend, jetzt gegenüber der Europäischen Zentralbank. Der erste Masterstudent verließ 2003 die Hochschule. 2007 wurde die HfB zur Frankfurt School of Finance & Management umbenannt. An dieser privaten Wirtschaftsuniversität studieren etwa 1.400 Studenten, die von 53 Professoren unterrichtet werden. Die Studiengebühren betragen ca. 6.000 bis 7.000 Euro pro Semester. Über 100.000 Studenten haben das Institut seit seiner Gründung bereits durchlaufen.

Die Hochschule plant derzeit einen Neubau im Frankfurter Nordend. Neuer Sitz ist das Gelände der ehemaligen Hessischen Oberfinanzdirektion (vgl. 101 Geldorte, Nr. 72).

39 Geldstadt Frankfurt
Fahrtor 2

Das Historische Museum Frankfurt eröffnet 2017 sein neues Ausstellungsgebäude. Auf zwei Etagen wird darin die Geschichte Frankfurts unter dem Slogan „Frankfurt Einst" gezeigt. Dabei geht die Ausstellung nicht im traditionellen Sinne chronologisch vor, sondern orientiert sich am historisch entstandenen Profil der Stadt. Die Dauerausstellung unterteilt sich in die vier Galerien „Stadtbilder", „Bürgerstadt", „Weltstadt" und „Geldstadt". Eine Abfolge von 100 Objekten zur Stadtgeschichte führt zurück zur Chronologie.

Die Galerie „Geldstadt" widmet sich in vier Bereichen den vielfältigen Aspekten der Historie des Finanzplatzes. Unter dem Thema „Münzland" liegt dem Besucher eine verwirrende Vielfalt von 4.000 Münzen aller deutscher Staaten in Mittelalter und Neuzeit vor Augen. „Geschichten vom Geld" behandeln auf ungewöhnliche Weise Schlüsselbegriffe wie Ökonomie, Profit, Bilanz, Spekulation und Kredit. „Auf und Ab" ist eine Folge von sieben Epochen der Frankfurter Stadtgeschichte, in denen sich Zeiten wirtschaftlichen Aufschwungs mit solchen der Krise abwechselten. Seit 1948, so lautet die These, befindet sich Frankfurt im Aufschwung.

Der vierte Bereich behandelt den historischen Finanzplatz. Gezeigt werden Bilder der Akteure, also der historischen Bankiers. Dazu gesellen sich die Orte ihres Schaffens, das Bankhaus, die Villa und die Börse. Die Galerie Geldstadt wird von zwei überlebensgroßen Statuen flankiert, Karl dem Großen als Schöpfer der ersten Einheitswährung Europas und Merkur, dem Gott des Handels.

40 Gepflastert mit Geld
U-Bahn-Station Römer

Die Wege hinab sind hier lang, aber nicht unangenehm. In der Zwischenebene erwartet die Fahrgäste ein kleines Lapidarium Frankfurter Bauskulptur (101 Unorte, Nr. 91). Der Untergrund zeigt die alten Steine der Stadt in einem nahezu musealen Umfeld.

Der Fahrgast geht tiefer hinab auf dem Bahnsteig der U-Bahn-Station „Römer" mit der U4 oder U5. Vielleicht geht es zum Bahnhof, nach Bornheim oder ins Nordend. Der Blick richtet sich zu Boden. Die großen hellen Fliesen sind quer verlegt. Man hätte es sich da einfacher machen können. Die Fugen bestehen aus edlen Messingleisten. Als Schlussstein von je vier Platten fungieren schwere massive Messingzylinder von 10 cm Durchmesser. Darauf sind Adler zu erkennen, Frankfurter Adler naturgemäß, die mit nur einem Kopf und der Königskrone. Vier verschiedene Modelle von Messingmünzen sind zu unterscheiden.

Ein gotisches Rund mit innen liegendem Adler und der Umschrift TVRONVS FRANCKFURT. Es ist das Bild einer städtisch frankfurtischen Turnose, eine seit 1428 geprägte Groschenmünze. In späterer Zeit diente sie als Ratspräsenzzeichen. Die zweite Ausführung zeigt einen mageren dünnen Adler. Es handelt sich um das höchste Nominal ihrer Zeit, einen Konventionstaler von 1793. Wir lesen darauf STADT FRANCKFURT. Die dritte Münze stammt nicht mehr aus der städtischen Prägeanstalt von Frankfurt, war aber hier im Umlauf. Ein deutsches 3 Mark Stück mit dem preußisch-deutschen Kaiseradler, darüber die Hohenzollernkrone. Der vierte Adler ist unbekannter Herkunft. Ihn gab es auf keiner Münze.

41 Gogels Gut

Gutleutstraße 315

Johann Noe III. Gogel betrieb seit 1783 die von seinem Vater ererb-
te Weinhandlung und das Wechselgeschäft. Durch den Handel mit
Rheinwein verdoppelte er das Geschäftsvermögen von 240.000
Gulden (1781) auf 600.000 Gulden (1825). Seine kleinste Weinhan-
delsmenge war das Fass zu 1 Ohm, entsprechend 160 Litern. Meist
verschickte er Wein in Fässern zu 8, 4 oder 2 Ohm. Daneben profi-
tierte er erheblich von Kriegslieferungen und Geldüberweisungen
für die Armeen zur Zeit Napoleons.

Gogels Stadthaus, in dem der Philosoph Hegel und der Dichter
Hölderlin verkehrten, lag am Roßmarkt. 1803 kaufte Gogel ein gro-
ßes idyllisch am Mainufer beim Gutleuthof gelegenes Grundstück.
Darauf erbaute Stararchitekt Salins de Montfort dem Bankier ein
Landhaus, von dem sich eine Rasenfläche bis zum Fluss erstreckte.
Gogel ließ einen Landschaftspark anlegen, mit Gärtnerwohnung,
Gewächshaus, Ufermauer und einer baumbestandenen Aussichts-
plattform in der Ostecke. Das westliche Ende der Ufermauer zierten
echte romanische Arkaden. Sie stammten aus der Benediktinerab-
tei Neustadt am Main und wurden von ihrem Besitzer, dem Fürsten
von Löwenstein-Wertheim, an Gogel verkauft. Gogels Anwesen war
ein schieres Idyll.

Der Park wurde 1883 verkauft und heißt nach seinen neuen Besit-
zern „Sommerhoffpark". Seitdem gab es größere Umbauten und
Anpflanzungen fremder Gewächse. Teile seiner Einfassung und die
Uferpromenade haben sich in dem heute offen zugänglichen Park
erhalten.

42 Bankhaus Goldschmidt

Kaiserstraße 14

Im Jahr 1521 kaufte der jüdische Wechsler Moshe Goldschmidt aus Nürnberg ein Haus in der Frankfurter Judengasse. Im 18. Jahrhundert gab es mehrere verwandtschaftliche Beziehungen mit der Familie Rothschild. Viele Generationen später gründete Benedikt Heyum Salomon Goldschmidt (1797–1873) im Jahr 1821 eine Bank mit dem Namen B. H. Goldschmidt. Er bekam die Würde eines großherzoglich toskanischen Konsuls. 1864 gehörte das Haus zu den Mitgründern der Frankfurter Vereinskasse. Verheiratet war er mit Jeanette Kann, Tochter des Bankiers Jakob Hirsch Kann.

Deren Sohn Maximilian Benedikt Heyum Goldschmidt (1843–1940) heiratete 1874 Minna Caroline von Rothschild (1857–1903), die Tochter des letzten Rothschilderben. Unter dem Namen „von Goldschmidt-Rothschild" wurde er in den preußischen Adelsstand erhoben. Im Jahr 1900 liquidierte er die väterliche Firma und gründete das Bankhaus „von Goldschmidt-Rothschild".

Goldschmidt galt mit einem Einzelvermögen von 143 Millionen Mark als der reichste Mann des Deutschen Reiches, noch vor dem Kaiser. Der Frankfurter Universität spendete er eine Million Mark. Große Zuwendungen bekamen der Frankfurter Kunstverein, das Städel und das Kunstgewerbemuseum. 1937/1938 wurde er gezwungen, das Palais an der Bockenheimer Landstraße 10 und den Rothschildpark an die Stadt Frankfurt zu verkaufen. Für eine Flucht ins Ausland fühlte er sich zu alt. Er starb 1940 nach kurzer Krankheit 96-jährig in Frankfurt.

43 Der Goldschatz von der Alten Brücke

Sachsenhäuser Ufer

Die 1222 zum ersten Mal genannte Alte Brücke war die einzige steinerne Brücke am Unterlauf des Mains. Sie verband Frankfurt mit Sachsenhausen, war aber auch ein bedeutendes Verkehrsbauwerk für die Handelsverbindungen im Alten Reich. König Heinrich (VII.) verpflichtete die Frankfurter Bürger 1235 zum Unterhalt der Brücke. Dafür bekamen sie die Hälfte des Ertrages der Frankfurter Münze zugesprochen. Im Laufe ihres langen Lebens wurde die Alte Brücke 18 Mal umgebaut und erneuert.

Zur Erleichterung des Schiffsverkehrs wurde die Alte Brücke ab 1915 grundlegend verändert. Diese Arbeiten zogen sich bis 1926 hin. Durch den Ersten Weltkrieg stockten die Arbeiten und einmal zerstörte starker Eisgang die hölzerne Notbrücke. Wenige Wochen vor der Einweihung erfolgten noch letzte Arbeiten auf der Sachsenhäuser Seite. Dabei entdeckten die Arbeiter einen kleinen Münzschatz von 16 Goldmünzen des späten Mittelalters.

Der Schatzfund von 16 Gulden wurde 1926 beim Neubau der Alten Brücke bei Erdarbeiten für die Kaimauer am Sachsenhäuser Ufer gefunden. Er besteht überwiegend aus den Prägungen des sogenannten Kurrheinischen Münzvereins. Dies war ein Münzbündnis der Kurfürsten von Köln, Mainz, Trier und der Pfalz. Ein weiterer Goldgulden kam aus Österreich und ein Dukat des Schatzes aus Ungarn. Die Münzen waren um 1380/1400 in den Boden gekommen. Die Ursache für die Verbergung ist unbekannt. Heute sind sie im Historischen Museum Frankfurt ausgestellt.

44 Bankhaus Goll

Ecke Buchgasse/Münzgasse

Als die Frankfurter Börse auf der Herbstmesse 1585 ihren Anfang nahm, befand sich bereits ein Michael Goll aus Straßburg unter den Gründern. Etwa 100 Jahre später wurde ein Goll durch Einheirat Teilhaber der Bank- und Tuchhandelsfirma Abraham Neef Witwe in Frankfurt. Dies war der Ausgangspunkt des seit 1721 sogenannten Bankhauses Johann Goll & Söhne.

Der Firma Goll ist die Einführung einer bedeutenden Finanzinnovation in Frankfurt zu verdanken, der Partialobligation. Dies war die Ausgabe einer staatlichen Schuldverschreibung zu Stückelungen in gleichen runden Beträgen. Diese wurden den Anlagesuchenden an der Börse verkauft. Goll & Söhne legten 1768 eine 200.000 Gulden-Anleihe für das Fürstentum Nassau-Saarbrücken in 200 Partialobligationen zu je 1.000 Gulden auf. Auch später stand Goll an der Spitze des Fortschritts: Bei der Einführung der ersten Aktie an der Frankfurter Börse, es handelte sich 1820 um die Österreichische Nationalbank, waren Joh. Goll & Söhne ebenso führend vertreten wie bei der Gründung der Frankfurter Vereinskasse und der Frankfurter Bank.

Der letzte männliche Träger des Namens Goll starb bereits 1803. Durch eine doppelte Heirat verband sich das Bankhaus Goll eng mit der Bankiersfamilie Andreae und Philipp Nikolaus Schmidt. Endpunkt des Bankhauses Goll war die Übernahme durch die Mitteldeutsche Creditbank im Jahre 1915. Das Bankhaus befand sich an der Ecke Buchgasse/Münzgasse.

45 Bankhaus Gontard

Großer Hirschgraben 3

Der Hirschgraben als städtisches Tiergehege wurde seit 1585 zugeschüttet und parzelliert. 1592 gab es hier eine Herberge „Weißer Hirsch". Das Anwesen wurde 1752 von dem aus Grenoble stammenden Kaufmann Jakob Friedrich Gontard gekauft. Sein Neffe Jakob Friedrich Gontard (1761–1842) lebte hier mit seiner Frau Susette Borkenstein (1769–1802). Er baute das Haus prächtig aus mit seinem Garten zwischen Weißfrauenkloster und spätmittelalterlicher Stadtmauer. Das Haus diente auch als Bankhaus. Hölderlin war hier von Januar 1796 bis September 1798 Erzieher des 1787 geborenen Sohnes Henry. In ihm erlebte Hölderlin seinen Roman Hyperion. Die Heldin Diotima ist Frau Susette, die Dame des Hauses. Sie starb 1802 am Scharlachfieber, das sie sich bei der Pflege ihrer Kinder zuzog.

Später residierte zeitweise das Bankhaus Hauck und die Süddeutsche Bodenkreditgesellschaft im Weißen Hirsch. 1872 war der Gebäudekomplex baufällig und wurde niedergelegt, um Straßendurchbrüche zu ermöglichen. Es entstand die Kaiserstraße mit der Verbindungsstraße vom Kaiserplatz zum Großen Hirschgraben. Auf einem großen Teil des Gartens entstand der von der Firma Holzmann ausgeführte Bau des Hotels Frankfurter Hof.

Das Bankhaus führte in bescheidenem Maße in der Hand der Familien de Bary, Majer und (zuletzt) Hoos seine Geschäfte weiter. 1998 fusionierte Gontard mit der 1926 gegründeten, aber nahezu brachliegenden Metallbank AG zur Gontard & Metallbank. Bereits nach vier Jahren war das Institut, bedingt durch Fehlinvestitionen im Neuen Markt im Umfeld des Finanzdienstleisters Goldzack, pleite.

46 Bankhaus Grunelius

Untermainkai 26

Die aus Friedberg stammende Familie Grunelius kam 1688 nach Frankfurt. Ursprünglich Goldschmiede, Tuch- und Wollwarenhändler, entwickelten sie sich zu einer angesehenen Kaufmannsfamilie. Erster Bankier der Familie war Andreas Grunelius (1776–1852), zunächst Teilhaber im Bankhaus Gebrüder Bethmann. 1824 gründete er sein eigenes Bankhaus und übernahm schon 1826 eine russische Staatsanleihe. Zusammen mit dem Bankhaus Bethmann arbeitete er darauf hin, Frankfurt zu einem Eisenbahnknotenpunkt zu machen. Andreas Grunelius starb als Guldenmillionär.

Der Schwerpunkt des Bankhauses Grunelius im 19. Jahrhundert war außer den üblichen Bankgeschäften die Mitwirkung bei Eisenbahnfinanzierungen, Bank- und Industriegründungen. Der Name Grunelius erscheint beim Neubau der Frankfurter Börse 1840 ebenso wie unter den Gründern der Frankfurter Bank 1854. Die Familie Grunelius förderte und fördert über ihre Stiftung bis in die Gegenwart kulturelle, wissenschaftliche und soziale Einrichtungen in Frankfurt.

Das Bankhaus Grunelius befand sich seit seiner Gründung 1824 in der Großen Gallusgasse 16. Das Wohnhaus der Familie hatte die Adresse Untermainkai 26. Ernst Max von Grunelius (1901–1987) war der letzte Teilhaber aus dem Familienkreis. Nach seinem Tod kaufte die Deutsche Bank 1989 für fünf Millionen DM Grunelius & Co. Privatbankiers, um einen Ansprechpartner für eine bestimmte Kundschaft zu haben. Nach Verlusten erfolgte sieben Jahre später die Umwandlung in Deutsche Bank Trust.

47 Bankhaus Hardy

Marienstraße 19

Die Londoner Bankiers James und Ludwig Hardy, ursprünglich aus Hamburg stammend, gründeten 1881 eine Privatbank in Berlin. Deren Geschäftsführer war seit Gründung der GmbH im Jahre 1899 bis 1931 Fritz Andreae aus der bekannten kinderreichen Frankfurter Bankiersfamilie. 1902 heiratete er Edith Rathenau und gelangte in der Folge an die Aufsichtsratsspitze der AEG und der Dresdner Bank. Als einer der großen Wirtschaftsführer der 1920er Jahre war Andreae in insgesamt 30 Aufsichtsräten vertreten. Als das Bankhaus Hardy 1931 kurz vor dem Konkurs stand, musste es von der Dresdner Bank übernommen werden.

Nach dem Krieg wurde das Bankhaus Hardy 1950 in Frankfurt wiedergegründet. Bald gelangte es wiederum unter die Kontrolle der Dresdner Bank. Zur erneuten Pleite kam es im Jahr 1978 durch einen Freundschaftsdienst von Jürgen Ponto. Dieser hatte von seinem Jugend- und Jagdfreund Sloman dessen Bankhaus übernommen und es 1976 mit Hardy zur Hardy-Sloman-Bank verbunden. Sie hatte 1977 eine Bilanzsumme von 1,5 Milliarden DM. Erst nach dem Kauf von Sloman kamen „notleidende Engagements" in beachtlicher Höhe zur Entdeckung, welche der Dresdner Bank Probleme bereiteten. Infolgedessen kam es im Jahr 1980, kurz vor dem 100. Geburtstag, zur Schließung der Privatbank Hardy.

Eine kurzfristige Wiederbelebung erfolgte 1991. Die Dresdner Bank eröffnete für einen neu zu bildenden Bereich des private banking die Marke „Hardy & Co. Privatbankiers". 1997 war es auch damit vorbei.

48 Bankhaus Hauck

Kaiserstraße 24

Friedrich Michael Hauck (1769–1839) wurde 1796 neuer Teilhaber des seit 1753 bestehenden Geschäfts Gebhard & Platz in Frankfurt am Main. Die Firma betrieb Wechsel-, Kommissions- und Speditionsgeschäfte, aber in zunehmendem Maße auch Bankgeschäfte. Erster Firmensitz wurde der „Weiße Hirsch" am Hirschgraben, als Mieter der Familie Gontard (101 Geldorte Nr. 45). Die Firma „Georg Hauck & Sohn" beteiligte sich im 19. Jahrhundert an der Gründung bedeutender Firmen wie der Hoechst AG, der Frankfurter Bank und der Metallgesellschaft.

Eine führende Persönlichkeit der Frankfurter Stadtgesellschaft war der Bankinhaber Otto Hauck (1863–1934), langjähriger Präsident der Frankfurter Industrie- und Handelskammer.

Die Familie Hauck steht an vorderer Stelle von Stiftern der Universität und zahlreicher kultureller und wissenschaftlicher Einrichtungen. Mit Michael Hauck (*1927) schied 1993 das letzte Mitglied der Gründerfamilie aus der Bank aus. 1998 erfolgte die Fusion mit dem Münchener Bankhaus Aufhäuser zu Hauck & Aufhäuser Privatbankiers KGaA. Das Bankgebäude in der Neuen Mainzer Straße 30 wurde 1944 durch Bomben vollständig zerstört. Heute befindet sich der Bankensitz am Kaiserplatz in der Kaiserstraße 24.

49 Jakob Heller

Steinernes Haus am Römer

Jakob Heller (ca. 1460–1522) war ein Frankfurter Tuchhändler, Kaufmann, Patrizier, Ratsherr und dreimaliger Bürgermeister. Er war Besitzer des Hellerhofes im Osten der Stadt und des großen Gebäudekomplexes des Nürnberger Hofes im Stadtzentrum. Sein Geldvermögen betrug ca. 20.000 Gulden. Als Vertrauter und finanzieller Berater Kaiser Maximilians I. konnte er dort sogar 1517 den Herrscher beherbergen. Heller war seit 1482 mit der aus Köln stammenden Patriziertochter Katharina von Melem verheiratet. Als Stadtwohnung erbauten sie das Steinerne Haus am Römer.

Das Paar hatte keine Kinder. Zur Förderung ihres Seelenheiles bestellte das Ehepaar Heller 1507 bei Albrecht Dürer in Nürnberg einen Altar für das Dominikanerkloster. Albrecht Dürer verlangte für die Herstellung des Altars 130 Gulden, ein vergleichsweise niedriger Preis. Während der Produktion stellte er fest, sich um 100 Gulden verschätzt zu haben und forderte nunmehr 200 Gulden. Auch dies sei günstig, aber „ich lieber wollte, das dieselbig zu Frankfort als anderstwo stunde". Bei Nichtgefallen, so bot er an, nehme er den Altar gerne zurück. Dürer wollte ja keinen Streit, denn „euer freundschafft ist mir lieber dan ain solch klein geldt." Er gab eine Haltbarkeitsgarantie von 500 Jahren und bat um ein Trinkgeld für seine Frau. Jakob Heller, ganz Kaufmann, protestierte, nahm dann aber zähneknirschend an.

Für sein Seelenheil wandte Heller insgesamt eine Summe von ca. 3.000 Gulden auf. Der sogenannte „Heller-Altar" ist seit 2017 im Historischen Museum Frankfurt ausgestellt.

50 Hessische Landesbank

Mainzer Straße 52-58

1953 entstand die Hessische Landesbank Girozentrale aus dem Zusammenschluss ihrer drei Vorgängerinstitute aus Darmstadt, Wiesbaden und Kassel. Bundesweites Aufsehen erregte der Helaba-Skandal von 1973/1974. Durch spekulative Immobiliengeschäfte in München und Frankfurt machte die Bank Milliardenverluste und stand Ende 1974 vor dem Konkurs. Kredite der Sparkassen und des Landes Hessen verhinderten den Zusammenbruch. Sowohl der Präsident der Helaba, Wilhelm Hankel, als auch der hessische Ministerpräsident Albert Osswald als Vorsitzender des Verwaltungsrates mussten zurücktreten. Dieser und andere Politiker hatten von der Landesbausparkasse Vorzugskonditionen bekommen.

1992 wurde per Staatsvertrag eine gemeinsame Landesbank für Hessen und Thüringen vereinbart. 2005 kaufte die Helaba die Frankfurter Sparkasse von 1822 für 725 Millionen Euro. 2012 übernahm sie bei der Aufspaltung der Pleite gegangenen WestLB das Verbundgeschäft. Mehrheitseigentümer ist der Sparkassen- und Giroverband Hessen-Thüringen.

Der Main Tower, eines der höchsten Hochhäuser Deutschlands, wurde im Jahr 1999 von der Landesbank Hessen-Thüringen als Hauptmieter bezogen. Er hat eine Höhe von 200 Metern mit 56 Obergeschossen und fünf Untergeschossen. Der Mast weitere 40 Meter. Die Planung stammt von dem Hamburger Architekturbüro Schweger und Partner. Auf 198 Meter befindet sich eine öffentlich zugängliche Aussichtsterrasse. Die 53. Etage wird weitgehend von einem Restaurant mit Café und Cocktail-Lounge eingenommen. Darüber betreibt der Hessische Rundfunk ein Fernseh-Studio, wo jeden Samstag die Ziehung der Lottozahlen stattfindet.

51 Hotel zum Schwan

Steinweg

Der Friede von Frankfurt vom 10. Mai 1871 zwischen der Französischen Republik und dem Deutschen Reich beendete formell den deutsch-französischen Krieg von 1870/1871. Die Verhandlungen zu diesem Frieden wurden auf deutscher Seite von Reichskanzler Fürst Bismarck und auf französischer Seite von Außenminister Jules Favre geführt. Der Friedensvertrag umfasste 18 Artikel und 3 Zusatzartikel. Artikel 7 legte fest, dass Frankreich eine Reparation in Höhe von fünf Milliarden Francs in Gold innerhalb von drei Jahren zu zahlen hatte, was vier Milliarden Mark oder 2,333 Milliarden Gulden entsprach.

Zum Vergleich: Frankreich hatte nach der Abtretung von Elsass-Lothringen 36 Mio. Einwohner. Die Belastung betrug somit 111 Mark pro Kopf. Von der unterworfenen Freien Stadt Frankfurt hatte Preußen 1866 zunächst 5 Mio. Gulden sofort und anschließend weitere 25 Mio. Gulden verlangt, bei 78.000 Einwohnern. Die gezahlte Kontribution betrug somit 120,9 Mark pro Kopf. Die verlangte, dann aber nicht erfolgte, Gesamtkontribution wäre auf 670 Mark pro Kopf gekommen.

Reichskanzler Bismarck bestimmte Frankfurt zum Ort der Friedensverhandlungen. Die Unterzeichnung des Friedensvertrages fand im Hotel „Zum Schwan" am Frankfurter Roßmarkt, heute Steinweg, statt. Das Haus wurde 1944 völlig zerstört. Es erinnert eine Plakette am rückwärtigen Eingang der Buchhandlung Hugendubel an den dort unterzeichneten „Frieden von Frankfurt" (10. Mai 1871). Die Einrichtung des Friedenszimmers von 1871 (Tisch, Sessel, Stuhl, Eckschrank, Uhr, Lüster) ist (ab 2017) im Historischen Museum Frankfurt ausgestellt.

52 House of Finance

Campus Westend

Das House of Finance ist ein Institutsgebäude der Johann Wolfgang Goethe-Universität Frankfurt, in dem Wirtschaftswissenschaften und Jura gelehrt werden. Die Gebäudekosten in Höhe von 26 Millionen Euro wurden vom Land Hessen finanziert. Zugleich gilt es als Prestigeprojekt der Finanzcommunity. Die Einrichtung und Teile der Lehre kommen teilweise aus privaten Mitteln, naturgemäß überwiegend aus der Finanzwirtschaft. Die drei Abteilungen behandeln Finanzen, Geld und Währung sowie Recht der Unternehmen und Finanzen.

Der Gebäudeentwurf des House of Finance stammt von dem Architekturbüro Kleihues + Kleihues in Berlin. Das generell bestimmende Gebäude des Campus Westend ist das IG-Farben-Haus von Hans Poelzig, an dem sich die Architektur der umliegenden Einrichtungen orientierte. Das House of Finance mit seinen vier Etagen und 7000 qm Raum folgt den gleichen Stilprinzipien. Alle Fassaden sind gerastert und strikt symmetrisch. Die Mittelfelder haben größere Fenster, wobei die Verkleidung aus Naturstein ist. Im Inneren gibt es Einzel- und Versammlungszonen, die ein hohes Maß an Kommunikation und wissenschaftlichen Austausch ermöglichen.

Die vergleichsweise luxuriöse Einrichtung, Sponsorenhinweise aus der Finanzwirtschaft und eingeschränkte Zugangsmöglichkeiten haben 2008 kurz nach der Eröffnung den Widerspruch linker Studenten hervorgerufen. Autonome Gruppen drangen in das Gebäude ein. Es kam zu Krawallen und Akten von Vandalismus.

53 Bankier Joseph zum Goldenen Schwan

Bethmannstraße

„Joseph zum Goldenen Schwan in Wechsel und Anlehensgeschäften", lautet der Firmenname eines der bedeutendsten Frankfurter Finanzmänner im 16. Jahrhundert. Der Bankier war Mitglied der jüdischen Familie Goldschmidt. Als Makler im Messehandel seit 1550 zu Geld gekommen, vermittelte er bald Gelder an mehrere deutsche Fürsten und bürgerliche Kunden. Großes Vertrauen besaß er beim Frankfurter Rat, aus dem angesehene Mitglieder für ihn bürgten.

Geschäftsstube und Gewölbe befanden sich offenbar unmittelbar am Goldenen Schwan, einem Teilbau des Römers. Unter den Leihnehmern Josephs waren die Erzbischöfe von Köln und Trier und der Graf von Nassau-Dillenburg. Die größten Beträge lieh er Kaufleuten aus Augsburg. Als aber seit 1562 die großen Augsburger Geschäftshäuser in Zahlungsschwierigkeiten kamen, wurde die Lage für Joseph problematisch. Die Gläubiger Josephs begannen, Angst um ihr Geld zu haben.

1567 wurde Joseph unter der Anklage verhaftet, eine kurpfälzische Obligation gefälscht und Gelder unterschlagen zu haben. Mittels Beinschrauben wurde er im Beisein von drei kurpfälzischen Gesandten und der beiden Bürgermeister verhört. Er bestritt die Vorwürfe und gab an, 101.933 Gulden Schulden und 162.238 Gulden Aktiva zu haben. Davon hatte der Frankfurter Rat direkt 19.000 Gulden und aus einer Bürgschaft 40.000 Gulden zu fordern. Dies hätte eigentlich reichlich genügt, um alle Gläubiger zu befriedigen. Vorher starb er 1572 im Spital.

54 Der Karlspfennig

Markt

Karl der Große reformierte um 793 das Maß-, Münz- und Gewichts-
wesen im Frankenreich. Aus einem Pfund Silber sollen 240 Denare/
Pfennige zu je 1,7 Gramm Gewicht geprägt werden. Das neue Gewicht stand in Relation zur führenden Handelsmünze des Mittelalters, dem arabischen Dinar. Details der Reform selbst sind nicht
bekannt. Wir wissen davon, weil Karl auf der Synode zu Frankfurt
im Juni 794 festlegte, dass die neuen Denare an jedem Marktort
akzeptiert werden müssten. Wer ihre Annahme verweigerte, wurde
mit Buße bedroht. Zugleich regelte er die Preise für das wichtigste
Handelsgut, das Getreide. Auf einen Denar kamen zwölf Weizen-
brote oder zwanzig Gerstenbrote. Damit hatte der Frankenkönig ein
einheitliches Währungssystem für sein gewaltiges Reich geschaffen, gültig vom Atlantik bis zur Elbe, von der Nordsee bis nach Rom.

Die Rahmenbedingungen der neuen Silberwährung wurden also in
der Königspfalz zu Frankfurt festgelegt. Dieser Palast befindet sich
auf dem Domhügel westlich des Domturmes. Bisher war dieses Gelände als Archäologischer Garten unter freiem Himmel zu sehen.
Ab 2017 ist es überbaut, aber weiterhin frei zugänglich. Karls Sohn
Ludwig der Fromme errichtete hier eine neue Pfalz; wo wiederum
Ludwigs vierter Sohn Karl (der Kahle) geboren wurde, der erste König von Frankreich.

Frankfurt ist damit Ausgangspunkt von drei Währungen von über-
ragender europäischer Bedeutung. 794 wurde hier für Europa der
Karlspfennig festgelegt, 1948 erblickte in der Bank Deutscher Länder die DM das Licht der Welt und seit 2002 ist die Stadt in Gestalt
der Europäischen Zentralbank der Sitz des Euro.

55 Jakob Knoblauch im Saalhof

Fahrtor 2

Jakob Knoblauch (†1357) ist der erste Handelsmann, Wechsler, Bankier und Münzunternehmer, über den wir in der Geschichte Frankfurts gut unterrichtet sind. Die Familie stammte aus Wetzlar und bildete mit fünf weiteren Familien das älteste Patriziat in Frankfurt. Seit 1311 gab es in Frankfurt das Amt des Älteren Bürgermeisters, das Jakob Knoblauch 1323 und nochmals 1347 innehatte.

Knoblauch war der politische Vertraute Kaiser Ludwigs des Bayern und seines Nachfolgers Karl IV. in allen Frankfurter Angelegenheiten. Der Kaiser gewährte der Stadt bedeutende Privilegien, so die Einrichtung der Frühjahrsmesse, Zollfreiheit für die nach Frankfurt reisenden Kaufleute und die Erweiterung der Stadt mit einem zweiten Mauerring. Sehr wichtig für die Frankfurter war das Recht, verpfändete Reichsgüter in Frankfurt einlösen zu dürfen. Davon machten Jakob Knoblauch und seine Frau Drude sofort Gebrauch: Er kaufte den Kühhornshof am heutigen Marbachweg und für 1.800 Gulden den Saalhof am Mainufer.

Den Saalhof baute er zum Handelskontor aus. Er wurde Stapelplatz für Tuche und Wein und während der Messe auch Herberge für auswärtige Kaufleute. 1339 erlaubte ihm Kaiser Ludwig sogar, für Frankfurt Münzen zu prägen. Zusammen mit dem Nürnberger Schultheißen Konrad Groß als Partner durfte er Heller, und später auch silberne Groschenmünzen und Goldgulden prägen. Dieses Münzrecht übergab er bald der Stadt. Außerdem war Knoblauch zeitlebens als Geldwechsler tätig.

56 Bankhaus Koch Lauteren & Co.

Bockenheimer Landstraße 61

Das Bankhaus nahm für sich in Anspruch, 1585 gegründet worden zu sein. Aus einem Geschäft mit gesalzenem Fisch und Frankenweinen entwickelte sich an der Ecke Roßmarkt/Salzhaus um 1760 unter Johann Gogel Europas bedeutendste Weinhandlung. Durch Zusammenarbeit mit dem Pariser Börsenspekulanten Franz Adam von Holbach kam er zu großen Gewinnen im Mississippiaktiengeschäft. Schon seit 1738 betrieb Gogel Waren- und Aktiengeschäft gleichzeitig. Bei seinem Tod 1781 besaß Johann Noe Gogel eine Sammlung von 400 Gemälden und war an zehn Bergwerken beteiligt.

Dessen Bruder Johann Peter Gogel-Gontard war als französischer Armeelieferant erfolgreich tätig. 1802 trat er in das Bankhaus seines Schwagers Koch ein. Geschäftshaus war das Haus „Zur goldenen Kette". Die Witwe Koch nahm 1866 den Mainzer Weinhändler Konsul Karl Lauteren in die Firma auf. In den Geschäftsräumen befand sich damit das königlich britische Konsulat. Auch Anfang des 20. Jahrhunderts war das Bankhaus zugleich weiterhin eine Weinhandlung. Das Bankgebäude im Kleinen Hirschgraben 11 wurde 1944 vernichtet.

Die BfG übernahm 1971 50 % des Kapitals von Koch Lauteren, anlässlich der Übernahme des Bankhauses Maerklin & Co. durch Koch Lauteren. 1973 wurde die First Wisconsin National Bank of Milwaukee Drittpartner bei Koch Lauteren. 1978 verkaufte die BfG Koch Lauteren für 6,5 Mio. DM an Schröder Münchmeyer Hengst und behielt nur 5 %, kurz danach übernahm die Dresdner Bank das traditionsreiche Bankhaus.

57 Die Königsteiner Münze

Saalgasse 9

Eine Episode der Geldstadt Frankfurt blieb die Münzprägung der Grafen von Stolberg-Königstein im Haus zum Dreischenken. Es wurde 1371 erstmals erwähnt und lag an der Stelle, wo sich heute das Gebäude Saalgasse 9 befindet. Das Hinterhaus lag gegenüber dem Hospital und der Kirche Zum Heiligen Geist. 1500 war in dem Haus zum Dreischenken ein Gasthaus untergebracht. Die Liegenschaft gehörte lange Zeit der Familie Hug mit den Münzmeistern Hans (†1488), Lorenz (†1529) und Balthasar (†1551). 1571 war es in Besitz des stolberg-königsteinischen Münzmeisters Hans Wagner. Das Gebäude wurde 1713 niedergelegt und neu errichtet, bis es beim Luftangriff vom 22. März 1944 unterging.

Graf Ludwig von Stolberg-Königstein (1535–1574) bekam auf Antrag von Kaiser Maximilian die Erlaubnis, in Frankfurt eine Münze einzurichten. Die Stadt versuchte vergeblich, dies zu verhindern. Es wurde eine Skandalgeschichte. Der Graf prägte hier ab 1567 Dreibätzner, halbe Batzen und Pfennige. Es war schlechtes Geld. Das Frankfurter Ratsprotokoll erwähnt „böse" königsteinische Münzen „so alhie gemünzt werden". Der Münzmeister behauptete, die schlechten Pfennige hätten die Gesellen in seiner Abwesenheit hergestellt. 1569 entfloh ein Münzmeister aus dem Dreischenken und blieb den hiesigen Juden einen Betrag von 1.800 Gulden schuldig.

1570, nach drei turbulenten Jahren, beendete Graf Ludwig den Münzbetrieb im Haus zum Dreischenken ebenso wie in seinen beiden anderen Münzhäusern in Königstein und Oberursel.

58 Kreditanstalt für Wiederaufbau

Lindenstraße 27

Daseinszweck der am 18. November 1948 gegründeten Kreditanstalt für Wiederaufbau war es, die am Boden liegende deutsche Wirtschaft zu fördern. Die Mittel dazu kamen aus dem Marshallplan. Zum Chef der Bank ernannten die Alliierten den angesehenen Bankier Otto Schniewind (1887-1970). Die Attentäter des 20. Juli 1944 hatten geplant, bei einer möglichen Regierungsbildung Schniewind als Wirtschafts- oder Finanzminister einzusetzen. Er wurde im KZ Ravensbrück inhaftiert.

Der KfW stand Schniewind bis 1958 vor. Sein Stellvertreter war der frühere Privatbankier Hermann Josef Abs. Sitz der KfW war das Gebäude in der Lindenstraße 27, eine der schönsten Villen im Frankfurter Westend. Erbaut hatte es 1897 das Cronstetten- und Hynspergische Damenstift. Von 1939 bis 1945 belegte die Gestapo das Haus. Kurzzeitig war es Amtssitz des Frankfurter Oberbürgermeisters, bevor die KfW Mieter der Villa wurde. Eine Tafel am Haus erinnert an die wechselvolle Geschichte dieses Ortes.

Heute befindet sich die moderne Bankzentrale nur wenige Schritte entfernt an der Palmengartenstraße. Die KfW betreibt inländische und internationale Förderung. Sie ist zu 80 % in Bundesbesitz. 1994 übernahm sie die ehemalige Staatsbank der DDR. Ihre Haupttätigkeit besteht aus der Finanzierung kommunaler Infrastruktur, von Bauen und Wohnen, von Aus- und Weiterbildung sowie der Förderung von Existenzgründungen und Mittelstand.

59 Die Kur-Mainzer Münze in Höchst

Höchst, Schlossplatz

Das fränkische Dorf Höchst gehörte seit Beginn der schriftlichen Überlieferung zum Territorium des Erzbischofs von Mainz. Um 830 wurde hier die Justinuskirche erbaut, die somit zu den ältesten Kirchen in Mitteleuropa zählt. Kaiser Karl IV. verlieh dem Dorf 1355 die Stadtrechte und später auch das Marktrecht. Die Stadt Frankfurt sah in der Stadt Höchst, vor allem im dort erhobenen Mainzoll, eine massive Bedrohung ihres Handels und Messeverkehrs. 1396 versuchte Frankfurt sogar, Stadt und Burg Höchst zu zerstören.

Die Einnahmen des Mainzolls wurden in Höchst an Ort und Stelle eingeschmolzen und in Münzform ausgeprägt. In Höchst entstanden nur Goldmünzen, sogenannte Gulden, nach dem Vorbild der gleichnamigen Leitmünze aus Florenz. Die Mainzer Erzbischöfe und Kurfürsten prägten diese Goldgulden von 1377 bis 1462 in ihrer Stadt Höchst am Main mit ihrem Wappen, dem Mainzer Rad. Das Mainzer Rad ist heute noch das Wappen des Frankfurter Stadtteils Höchst. Das Rad erscheint einzeln oder in Verbindung mit anderen Wappen befreundeter Münzherrn aus dem Rheinland. Auf den Gulden sind Worte zu lesen wie MONETA OPIDI IN HOIESTEN (Geld der Stadt Höchst). Das Bild der Mainzer Goldgulden aus Höchst zeigt den Heiligen Johannes den Täufer, den Heiligen Petrus oder den Bischof selbst.

Die Lage der Prägestätte ist urkundlich nicht überliefert. Doch es kann davon ausgegangen werden, dass sich die Münze in den Räumen der kurfürstlichen Burg und Zollstation befunden hat.

60 Bankhaus Ladenburg
Junghofstraße 14

Auf der Basis von Juwelengeschäft und Wechselgeschäft gründete 1785 Wolf Hajum Ladenburg (1766–1851) in Mannheim eine Bank. Er entstammte einer jüdischen Händlerfamilie, die von Neuburg an der Donau nach Ladenburg gezogen war. Die Bank förderte zunächst vor allem die Entwicklung der Mannheimer Wirtschaft. 1838 erfolgte die Einrichtung einer Filiale in Frankfurt.

Die bestimmende Persönlichkeit des Frankfurter Bankhauses Ladenburg war seit 1848 der Mitinhaber Emil Ladenburg (1822–1902). Über seine Frau Eugenie Halphen war er mit den Pariser Rothschilds verwandt. Seine Tochter Emma Ladenburg heiratete 1877 Wilhelm Merton, den Gründer der Metallgesellschaft und der Frankfurter Universität. Emil Ladenburg führte das Bankhaus zu hohem Ansehen. Persönlich erhielt er den Titel eines geheimen Kommerzienrats. Sein besonderes Interesse galt der Kunst und der Musik. In seinem Haus verkehrte Clara Schumann.

Sein Nachfolger Ernst Ladenburg war lange Präsident der Frankfurter Handelskammer und Vorsitzender des Börsenvorstandes. 1905 gründete das Bankhaus Ladenburg zusammen mit der Disconto-Gesellschaft die Süddeutsche Disconto-Gesellschaft. Im Zuge mehrerer Fusionen kam das traditionsreiche Bankhaus Ladenburg 1929 an die Deutsche Bank.

61 Bankhaus Lampe

Freiherr-vom-Stein-Straße 65

Das Bankhaus Lampe ist eine unabhängige Privatbank, die 1852 in Minden von dem 24-jährigen Hermann Lampe als Bank- und Speditionsgeschäft gegründet wurde. Nach dem Tod des Gründers übernahmen Angestellte die Firma. Mehrheitsgesellschafter wurde 1949 der Bielefelder Unternehmer Rudolf-August Oetker. Zwei Jahre später wurde der Hauptsitz nach Bielefeld verlegt. Das Bankhaus Lampe ist bis heute eng mit der Oetker-Gruppe verbunden. 1975 übernahm die spätere DG-Bank 25 % der Anteile, gab sie aber 1990 an Oetker zurück.

Die Niederlassung Frankfurt wurde gegründet, um an diesem Ort das Wertpapiergeschäft und die Vermögensverwaltung auszubauen. In Frankfurt übernahm das Bankhaus Lampe 1998 die Frankfurter Bankgesellschaft von 1899 und gliederte sie ein.

Eine bauliche Erweiterung des Bankhauses erfolgte 2000 nach Plänen des Büros Scheffler & Warschauer, Frankfurt. In der Stadtplanung begann in den 1980er Jahren ein Umdenken bei der Gestaltung des Westends. Das Bankhaus Lampe befindet sich dort in einer denkmalgeschützten Neorenaissance-Villa. Es steht auf einem parkähnlichen Grundstück mit altem Baumbestand. Dem gegenüber entstand ein viergeschossiger Erweiterungsbau, der in seinen Proportionen, Fassadenelementen und Materialien die Bebauung der Umgebung aufnimmt. Der Sockel aus hellem Sandstein, eine rote Verklinkerung bis zum 2. Obergeschoss und eine Stahl-Glaskonstruktion mit schiefergedecktem Zeltdach als Abschluss. Im Erdgeschoss befindet sich neben der Eingangshalle ein großer repräsentativer Raum.

62 Bankiers Leonhardi

Zeppelinallee 18

Die Familie Leonhardi stammt ursprünglich aus Waldeck. Der Pfarrerssohn Johann Jakob Kasimier Leonhardi erheiratete 1741 60.000
Gulden durch die Bankierserbin Elisabethe Margarethe Koch. Als
ausgezeichneter Kaufmann vergrößerte er dieses Vermögen in 40
Jahren auf 1.100.000 Gulden. Sein ältester Sohn Johann Peter Le-
onhardi (1747–1830) war nicht nur als Bankier, sondern auch als
Politiker tätig. Ihm gehörten zahlreiche Häuser in Frankfurt. In der
Wetterau erwarb er umfangreiche Güter in Karben, Kaichen, Klop-
penheim, Burggräfenrode und Dortelweil, die ein kurpfälzisches
Lehngut waren.

Im Anschluss daran erwirkte er 1791 den kurpfalz-bayrischen Frei-
herrnstand und von Kaiser Leopold II. den Reichsfreiherrnstand.
1806 ließ er eine Gartenvilla in Bockenheim errichten, am Rande
des heutigen Palmengartens. Architekt der Villa war Nicolas Alex-
andre Salins de Montfort, der für die Familie Leonhardi bereits den
Schönhof in Bockenheim und ein palastähnliches Wohnhaus auf
der Zeil erbaut hatte. Das Bankgeschäft hatte er bereits 1802 seinem Sohn Karl Ludwig von Leonhardi übertragen. Dieser heiratete
1804 die Tochter des Bankiers Heinrich Mülhens.

Karl Ludwig von Leonhardi schaffte es, innerhalb von 20 Jahren
eines der größten Frankfurter Vermögen zu vernichten. 1823 endete das Bankhaus durch Konkurs. Eigentümer des Sommerhauses
wurde seit 1842 der Bankier Raphael von Erlanger. Nach mehreren
Umbauten hat sich nur noch der Mittelpavillon mit der Säulenhalle
erhalten. Es befindet sich heute im Eigentum der Stadt Frankfurt
und wird als Restaurant genutzt.

63 Der Mainkur-Zoll
Hanauer Landstraße 563

Das kleine Territorium der Stadt Frankfurt ist von fremden Staaten umgeben. Im Süden ist es die Grafschaft Isenburg, im Westen das Erzbistum Mainz, im Nordwesten die Grafschaft Solms-Rödelheim und im Norden und Osten die Grafschaft Hanau. An den Grenzen dazu gab es Stationen, an denen Zoll erhoben wurde. Am Heiligenstock an der Friedberger Landstraße kennen wir die Gaststätte „Altes Zollhaus", eine 1775 erbaute Zollstation.

Eine andere Zollstelle lag im Bereich der Mainkur nördlich des Dorfes Fechenheim. Seit 1765 führte eine befestigte Kunststraße, auf Französisch Chaussee, von Hanau über Dörnigheim nach Frankfurt. An der Grenze zwischen hanauischem und frankfurtischem Territorium befand sich die Zollstation „Main Cur". Hier rastete Napoleon am 31. Oktober 1813, um dann zum Bethmann'schen Landhaus am Friedberger Tor zu fahren. Nachdem Hanau hessisch wurde, war hier die Grenze zur Landgrafschaft Hessen. Diese hessische Zollstation wurde mehrfach Gegenstand des Volkszorns. Wir sprechen von den Zollkrawallen.

Im September 1830 stürmte eine aufgebrachte Menge die Zollstation und entzündete ein Freudenfeuer mit den Akten und dem Mobiliar der Zöllner. Auf einem bösen Flugblatt wurden Maut, Stempelgebühr, Zoll, Beamte, Maitressen und Juden für das Elend der kleinen Leute verantwortlich gemacht. Im Januar 1832 protestierten 300 Menschen aus Bergen, Enkheim und Fechenheim gegen die unliebsame Zollanlage. Sie belagerten das Haus des Zöllners. Herbeigerufene Soldaten schossen in die Menge. Sechs Soldaten und sieben Aufständische wurden verletzt, drei davon starben.

64 Metallbank

Guiollettstraße 54

Der Bankier Philipp Abraham Cohen aus Hannover kam nach Frankfurt, um dort sein Bank- und Metallhandelsgeschäft auszubauen. Eine Tochter Cohens heiratete Raphael Merton und deren Sohn Wilhelm Merton heiratete die Frankfurter Bankierstochter Emma Ladenburg. Wilhelm Merton (1848–1916) gründete 1881 mit familiärem Kapital die Metallgesellschaft. Seit 1897 hieß sie „Metallurgische Gesellschaft" (Lurgi). Im Stammhaus des Unternehmens wurde der tägliche Weltkupferpreis festgesetzt. Merton war einer der großen Frankfurter Mäzene, insbesondere im Rahmen der Universitätsgründung.

1906 gründete Merton die Berg- und Metallbank mit 40 Millionen Mark Aktienkapital. Sie war eine Holding Gesellschaft für den inzwischen entstandenen Konzern, um Börsen-, Finanz- und Bergwerksgeschäfte unter gesonderte Verwaltung zu stellen. Zum Aufsichtsrat gehörte von 1906 bis 1921 Walter Rathenau. 1928 erfolgte eine Zentralisierung von Metallgesellschaft und Metallbank.

Die Metallgesellschaft hatte 1990 31.700 Mitarbeiter, geriet aber 1993 durch spekulative Geschäfte an den Rand des Zusammenbruchs. Sie gehört heute zur GEA Group in Düsseldorf. Die Metallbank AG lag nach dem Untergang der Metallgesellschaft nahezu brach; sie fusionierte 1998 mit dem Bankhaus Gontard mit Firmensitz Guiolettstraße 54. Nach Fehlinvestitionen im Neuen Markt war die Gontard & Metallbank 2002 pleite.

65 Bankhaus Metzler
Große Gallusstraße 16

Benjamin Metzler (1650-1686) aus Cranzahl im Erzgebirge kam 1674 als Buchhalter des Modewarenhändlers Schweitzer in die Neue Kräme nach Frankfurt. Er gründete ein Handelshaus als Tuchhändler und hinterließ ein Vermögen von 12.000 Gulden. Sein Nachkomme Johann Jeremias Metzler bezeichnete sich schon 1738 als „marchand banquier". Die Größe des Bankhauses Metzler begründete Friedrich Metzler (1749-1825). Besonders lukrativ war die Übernahme preußischer Staatsanleihen im Volumen von mehr als 10 Millionen Gulden. Er war es auch, der 1790 erstmals einen Plan zur Gründung einer Notenbank in Frankfurt vorlegte. Bei seinem Tod gehörte er zu den führenden Männern der Frankfurter Finanzwelt.

Der Erwerb des bekannten Geschäftshauses in der Großen Gallusstraße 16 fällt in das Jahr 1826. Zur Jahrhundertmitte verdrängen der Effektenhandel und das Depotgeschäft das Kreditgeschäft. Otto von Bismarck als preußischer Gesandter war zu dieser Zeit oft Gast im Hause Metzler. Eine bestimmende Persönlichkeit der Stadtgesellschaft Frankfurts war Stadtrat Albert von Metzler (1839-1918). Nach Erhebung in den preußischen Adelsstand war er Mitglied des preußischen Herrenhauses. Sein gleichnamiger Enkel Albert von Metzler (1898-1989) führte das Unternehmen mit Erfolg durch Wirtschaftskrise und Krieg. Der Firmenstandort wurde 2014 in die Untermainanlage 1 verlegt.

Das Bankhaus und die Familie Metzler sind in Frankfurt seit Jahrhunderten führend bei der Förderung von Kultur, Wissenschaft, Forschung, Bildung und Sozialem.

66 Mitteldeutsche Creditbank

Liebfrauenplatz

Obwohl 1856 im Herzogtum Sachsen-Meiningen gegründet, wurde die Mitteldeutsche Creditbank zu einer der wichtigsten Frankfurter Aktienbanken. Die Satzung des Instituts kam von dem Frankfurter Bankier Rudolf Sulzbach. Er stellte ein Konsortium aus fünf Firmen zusammen, darunter aus Frankfurt S.M. Schwarzschild, J.J. Weiller Söhne und Wilhelm Friedrich Jäger. Sie übernahmen fünf Millionen Taler auf eigene Rechnung, die verbleibenden drei Millionen Taler waren nach wenigen Tagen überzeichnet. Noch im Jahr der Gründung druckte die Bank eigene Banknoten in Talerwährung in der Frankfurter Druckerei Dondorf und Naumann.

In Frankfurt wurde bei dem Bankier Carl August Siebert im Juni 1856 eine erste Agentur der Mitteldeutschen Creditbank eröffnet. Sie befand sich am Liebfrauenberg im berühmten Haus zum Grimmvogel und Paradies. 1886 wurde der Hauptsitz der Bank nach Frankfurt in das Haus Neue Mainzer Straße 32 verlegt.

Die Bank war seitdem erfolgreich auf den Gebieten der Eisenbahnemissionen, der Industrieförderung, der Brauwirtschaft, der Elektrizitätswirtschaft und der ausländischen Renten. Vor Ort erfolgte die Übernahme mehrerer alter Frankfurter Bankhäuser. Dazu gehörten 1899 Gebrüder Meyer (gegründet 1796), 1905 Arthur Andreae & Co. (gegründet 1789) und 1915 Goll & Söhne (gegründet 1602). Zu Beginn des Jahres 1929 erfolgte bei einem Aktienumtausch im Verhältnis 1:1 die Verschmelzung mit der Hamburger Commerz- und Privatbank, der heutigen Commerzbank.

67 Die Münze im Barfüßerkloster

Paulsplatz

Das Barfüßerkloster war eine Anlage, die von den Franziskanern im 13. Jahrhundert im Bereich der heutigen Paulskirche errichtet wurde. Mit Einführung der Reformation in Frankfurt 1530 wurde das Kloster aufgehoben. Die Barfüßerkirche wurde evangelische Hauptkirche der Stadt. In den Klostergebäuden entstand die Lateinschule, also das städtische Gymnasium. Ein Nebengebäude diente als Stadtbibliothek und wurde auf diese Weise zur Keimzelle der Frankfurter Museumssammlungen. Der gesamte mittelalterliche Klosterkomplex wurde 1786 abgerissen. An dieser Stelle entstand nach dem Entwurf des städtischen Baumeisters Johann Andreas Liebhardt die Paulskirche. 1833 fertiggestellt, war sie 1848 bekanntlich Versammlungsort der ersten deutschen Nationalversammlung.

Die Frankfurter Münzstätte fand 1530, nach Freiwerdung des Klosterkomplexes, hier ihren Platz. Im Barfüßerkloster entstanden die ersten in Frankfurt geprägten Taler von 1546, die am Beginn des neuzeitlichen Münzwesens der Messestadt standen. Der Prägebetrieb nahm einen großen Aufschwung, neue Werkzeuge wie ein Spindelwerk zum Prägen mussten angeschafft werden.

Die Schließung der Münze geschah 1626 wegen Störung des Schulbetriebs. Wegen des Pochens und Klopfens in der Münze konnten sich Schüler und Lehrer gegenseitig nicht hören. Sexta und Quinta lagen neben dem Schmelzwerk. Giftiger Rauch und der Dampf vom Schmelzen störte die Prüfungen. Kinder wurden immer wieder mal ohnmächtig und erkrankten. Dies alles führte schließlich zur Einstellung der Münze.

68 Münzhandlung Dr. B. Peus Nachf.

Bornwiesenweg 34

Deutschlands älteste Münzhandlung, so steht es in der eigenen Werbung, wurde 1870 von Adolph Hess in Gießen eröffnet und zog 1873 in die Frankfurter Bethmannstraße 6, ging aber bald in die Westendstraße 7. 1875 erschien der erste große Auktionskatalog. Seitdem gab es durchschnittlich zwei große Münzauktionen im Jahr. Damit setzte sich die Firma Hess quantitativ und qualitativ für Jahrzehnte an die Spitze des deutschen Münzhandels. Diese Auktionskataloge waren numismatische Fachliteratur und wurden gesuchte Nachschlagewerke.

1894 verkaufte Hess die Münzhandlung an Louis Hamburger und seinen Schwiegersohn James Belmonte. Der Geschäftssitz ging für 40 Jahre in die Mainzer Landstraße 49. Zur Firma hinzu traten 1905 der Chemiker Dr. Hermann Veith und 1929 der Historiker Dr. Busso Peus. Themen der Versteigerungen waren große Münzsammlungen der Gebiete Antike, Rheinland, Brandenburg, Schweiz, Russland, Schweden, Habsburgische Lande, aber auch Frankfurt.

Aus politischen Gründen – die Eigentümer der Firma waren, wie alle Münzhändler jener Zeit, jüdischen Glaubens – wurde bereits Ende 1930 eine Filiale in Luzern eingerichtet. Auch der übrige Frankfurter Münzhandel verlagerte sich weitgehend in die Schweiz. Die Frankfurter Abteilung ging an Busso Peus über, der ab 1941 unter eigenem Namen firmierte. Er verkaufte 1967 die Münzenhandlung an Dieter Raab und Peter Schulten, die als Dr. Busso Peus Nachfolger an den heutigen Standort Bornwiesenweg 34 ziehen. Alleininhaber ist heute Christoph Raab. Im April 2015 fand die 414. Auktion statt.

69 Bankhaus Mumm
Kennedyallee 151

Das Bankhaus W. Mumm & Co. wurde 1805 von dem Weinhändler und Bankier Wilhelm Mumm (1774–1832) gegründet. 1830 war das Bankhaus an einem Konsortium Frankfurter Banken beteiligt, die eine Prolongierung der Rechneiamtsscheine beantragten. Diese erste Ausgabe von Frankfurter Papiergeld bedeutete die Konstituierung einer „heimlichen" Staatsbank Frankfurts. Sein Sohn Wilhelm von Mumm war von 1857 bis 1886 Mitinhaber des Bankhauses Grunelius & Co. Die Familien Grunelius und Mumm waren durch Heirat miteinander verbunden. Der Familie Mumm gehörten umfangreiche Besitzungen in der Champagne, die sie zur Sektherstellung nutzten.

Daniel Heinrich Mumm wurde 1868 erster preußischer Oberbürgermeister Frankfurts. Dessen Vetter Hermann Mumm von Schwarzenstein ließ von 1902 bis 1904 in Niederrad eine große herrschaftliche Villa auf einem Grundstück von 125.000 qm errichten. Im Tausch hatte die Familie dafür eine Liegenschaft auf der Zeil Ecke Brönnerstraße abgegeben. Die Villa Mumm, entworfen von dem dänischen Architekten Aage von Kaufmann, hat sechs Terrassen und ist äußerst repräsentativ. Eine äußerliche Ähnlichkeit besteht zur Alten Oper, freilich in etwas kleinerem Format.

Nach dem Ersten Weltkrieg verarmte die Familie Mumm. Die Villa ging 1938 in städtischen Besitz über. Als sich Frankfurt 1949 um den Standort als Bundeshauptstadt bewarb, war die Villa Mumm als Sitz des Bundespräsidenten vorgesehen. Da dies scheiterte, zog zunächst die Organisation Gehlen in das Haus und seit 1955 das Bundesamt für Kartographie und Geodäsie.

70 Die Neue Börse

Börsenplatz

Die erst 1843 fertiggestellte Alte Börse an der Paulskirche war bereits 30 Jahre nach ihrer Fertigstellung zu klein geworden. Als passendes Gelände für einen Neubau erwies sich das Gebiet des Rahmhofs nördlich des Theaterplatzes in der Neustadt. 80 der vermögendsten Bankiers und Kaufleute brachten durch Aktienzeichnung ein Kapital von 600.000 Gulden auf. Die Gesamtkosten betrugen 1.636.000 Gulden. 39 Architekturbüros beteiligten sich an dem Wettbewerb, den die Frankfurter Architekten Heinrich Burnitz und Oskar Sommer gewannen. Ihr Honorar betrug 70.000 Gulden.

Die Architekten erbauten ein repräsentatives Gebäude aus gelbem Sandstein im Stil der Neorenaissance. Vorbild war Palladios Palazzo Communale in Vicenza. Über dem zweigeschossigen siebenachsigen Mittelteil befindet sich das 43 Meter hohe Mansarddach. Vom Mittelbau gehen beidseits dreiachsige Seiten mit Ecktürmen aus. Der Börsensaal ist 1200 qm groß mit einem Oberlicht in 32 Metern Höhe. Nach Hamburg war dies der größte Börsensaal Europas.

Die Neue Börse wurde 1879 eingeweiht. Vor allem seit 1914 verlor der Frankfurter Börsenhandel gegenüber Berlin erheblich an Bedeutung. Die Luftangriffe im März 1944 beschädigten die Börse erheblich, doch konnte sie bereits im September 1945 als erste deutsche Börse wieder eröffnet werden. Sie wurde zur zentralen Wertpapierbörse der Bundesrepublik Deutschland. Zum Börsenjubiläum 1985 zieren die Bronzeskulpturen Bulle und Bär (Bildhauer Reinhard Dachlauer) den Börsenplatz. Seine Funktion als Börse hatte das Gebäude bis zum Umzug des Nutzers im Jahre 2000 zum Industriehof.

71 Die neue Münze

Münzgasse 6-10

Über 250 Jahre lang, bis zu ihrer endgültigen Schließung im Jahre 1879, befand sich die Frankfurter Münze in der Münzgasse gegenüber dem Karmeliterkloster. 1627 erwarb die Stadt Frankfurt von dem städtischen Münzmeister Caspar Ayrer das Haus zum Turm, heute Münzgasse 6-10. Es brannte 1726 ab. Ein barocker Neubau entstand hier 1762. Er war zugleich Wohngebäude des Münzmeisters und seiner Leute wie auch Prägestätte der schönen Frankfurter Konventionsmünzen. Nach 1815 wurden nur noch kleine Kupferheller produziert und 1837 erfolgte der Abriss der Münze.

Der Grund dafür war die Münchener Münzkonvention von 1837. Die sechs Vertragsstaaten Bayern, Württemberg, Baden, Hessen-Darmstadt, Nassau und Frankfurt vereinigten sich zu einer Münzunion. Gemeinsame Münze war der Silbergulden zu 60 Kreuzern, von denen 24 Stück auf die Kölner Mark Feinsilber gingen. Alle Münzen hatten die gleiche Rückseite. Die Prägekontingente wurden nach der Seelenzahl des Staates bemessen.

An Stelle der Barockmünze entstand ein neues modernes Münzgebäude nach Plänen des Stadtbaumeisters Heß. In ihm befanden sich sowohl eine privat betriebene Scheideanstalt als auch die städtische Frankfurter Münze. 1866 endete die Münzhoheit der Freien Stadt Frankfurt mit der preußischen Okkupation. Zuletzt wurden hier bis 1879 Reichsmünzen mit dem Prägebuchstaben „C" hergestellt. 18 Jahre später erfolgte der Abbruch des Münzgebäudes.

72 Oberfinanzdirektion Frankfurt

Adickesallee 32–34

Die Oberfinanzdirektion ist eine Mittelbehörde des Landes Hessen. Sie entstand nach dem Zweiten Weltkrieg aus den 1919 entstandenen Landesfinanzämtern Kassel und Darmstadt mit Sitz in Wiesbaden. Bald darauf wechselte sie in den Neubau nach Frankfurt.

Das Gebäude der ehemaligen Oberfinanzdirektion Frankfurt am Main an der Adickesallee wurde 1954/1955 nach Plänen von Hans Köhler aus Bad Homburg unter Mitarbeit von R. Himmelreich und E. Schirrmacher im Auftrag der Bundesrepublik Deutschland und des Landes Hessen erbaut. Der scheibenförmige 11-geschossige langgestreckte Verwaltungsbau wird durch zwei qualitätsvolle Treppenhäuser unterbrochen. In der Verlängerung des östlichen Treppenhaustrakts ist dem Hochhaus ein Kantinengebäude auf Stützen vorgelagert. Konstruktiv stellt sich der Bau aus Schüttbetonbau dar. Seine Fassade ist aus farblich variierten Keramikplatten gebildet, deren Ausdehnungen dem Fenstermaß entsprechen. Konstruktionsbedingt haben die Büroräume alle eine Größe von 10 qm.

Aus diesem Grund, und wegen schadstoffhaltigen Klebesubstanzen an Fassadenplatten und Fußboden, verließ die Behörde 2009 das Gebäude. Die Frankfurt School of Finance & Management kaufte das Grundstück, um dort ab 2017 tätig zu werden. 2014 wurde das Gebäude trotz Denkmalschutz abgerissen; nur der Pavillon blieb erhalten und wird in den Neubau eingefügt.

73 Das Pfennig-Denkmal
Taunusanlage

Der Anlass für dieses Denkmal war ein Trauerfall. Die Mark ist tot. Mit ihr verstarb ihr kleiner Bruder, der Pfennig. Beide Nominale hauchten am 31. Dezember 2001 um Mitternacht ihr Leben aus. Unzählige Exemplare wurden eingezogen, verwalzt und als Altmetall weiterverarbeitet. Zeitgleich erblickte am Willy-Brandt-Platz, dem Sitz der Europäischen Zentralbank, der Euro das Licht der Welt.

Dem stolzen Pfennig gebührt zum Dank ein Denkmal, sagte der Universalkünstler Vollrad Kutscher. Ein Ort musste nicht lange gesucht werden. In der Taunusanlage, im Schatten des Pfennig-Denkmals, stehen die Türme der Deutschen Bank, schräg daneben die Geburtsstätte des Pfennigs am alten Sitz der Bundesbank (vgl. 101 Unorte, Nr. 25).

Die Einweihung des Pfennig-Denkmals erfolgte am 1. Januar 2002. Zum Gedenken an dieses Ereignis findet jeden 1. Januar um 15 Uhr eine Performance am Denkmal statt. Zu diesem Anlass wird in die Mitte des Denkmals Spiritus gefüllt und angezündet. Die Gedenkflamme für den Pfennig währt zwar nur 10 Minuten, dies aber Jahrhunderte lang in der Zukunft.

Das Monument besteht aus einer 9,8 x 9,8 x 1,5 cm großen Bronzetafel. Sie ruht liegend zwischen Pflastersteinen. 24 eingelassene Pfennige bilden auf diesem Quadrat einen Kreis von 10 cm Durchmesser. In der Mitte ist die pfenniggroße Vertiefung zur Aufnahme des Brennstoffs. Der umlaufende Schriftzug lautet: „Denkmal der Gesellschaft zur Verwertung und Erhaltung der Pfennigidee". Die nummerierte Auflage ist „1", die Datierung „2002", der Schöpfer „KUTSCHER".

74 Das Postgiroamt
Eckenheimer Landstraße 242

Das Postscheckamt Frankfurt, zuständig für die Bezirke Kassel, Darmstadt und Frankfurt, eröffnete am 11. Januar 1909 mit der Einrichtung des Postscheckverkehrs im Deutschen Reich. Das Amt führte die Konten der Postscheckteilnehmer. 1939 führte die Reichspost den Postsparkassendienst ein und ebenso das beliebte Postsparbuch. Seit 1984 trägt die Institution den Namen „Postgiroamt".

In Frankfurt war 1982 ein Neubau erforderlich geworden, um den Girodiensten der Deutschen Bundespost den bisher erreichten Status als Geldinstitut im Kontext der Banken- und Geldmetropole Frankfurt zu erhalten. Mit einer Baumasse von 187.000 Kubikmetern umbauten Raums fügt sich das Gebäude gut in sein bauliches Umfeld ein. Dies bewirkt die Auslösung in mehrere Trakte, die filigrane Gestaltung der Fassaden und die dominante Verwendung der Farbe Blau. Sowohl der Eingangsbereich als auch die Gartenanlagen oblagen einer besonderen künstlerischen Gestaltung. Die Grundsteinlegung erfolgte 1983 und die Inbetriebnahme des Postgiroamts 1986. Vier Jahre später erschien dieses Haus sogar als Motiv einer Briefmarke zu 100 Pfennigen.

Der Girobetrieb wurde mit der Postbank 1990 in geregelter Teilung aus der Deutschen Bundespost ausgegliedert und zu einem eigenständigen Institut. 1995 erfolgte die Umwandlung zu einer Aktiengesellschaft, an der 1999 die Deutsche Post die Mehrheit erlangte. 2008/2010 erwarb die Deutsche Bank die Postbank.

75 Prägeanstalt Jörgum & Trefz

Königswarter Straße 17

An dieser Stelle der Königswarter Straße stand das Fabrikgebäude der Prägeanstalt Jörgum & Trefz. Die Firma wurde 1892 von Carl Eugen Trefs und C. Jörgum in der Langestraße 38 gegründet. Ihr Geschäft war die Anfertigung von Vereinsabzeichen, Medaillen und Plaketten für alle besonderen Anlässe. Für die Industrie wurden Werkzeugkontrollmarken, Pfandmarken, Medaillen, Abzeichen, Plaketten, Karnevalsorden, Schilder und Kantinenmarken hergestellt. Im Ersten Weltkrieg prägte die Firma auch Notgeld für die Stadt Frankfurt.

Der gelernte Graveur Trefz wurde nach dem Tod des Partners Alleininhaber und siedelte in den Großen Hirschgraben 3 um. Schon 1912 wurde das Grundstück in der Königswarter Straße bezogen. Ihm folgte nach seinem Tod die Witwe Sophia Trefz geb. Krüchten (1865–1938). Seit April 1938 betrieben Louise Auguste Senta und Alfons Eugen Trefz, die Kinder des Firmengründers, das Geschäft. Das Fabrikgebäude im Ostend wurde 1943 vollständig zerstört. Dabei gingen alle älteren Firmenunterlagen verloren. 1952 konnte nach Wiederaufbau an gleicher Stelle das Haus wieder bezogen werden.

Die weiterhin unter Metallprägeanstalt Jörgum & Trefz firmierende Firma wurde 1982 geschlossen. Ein Teil des Nachlasses, bestehend aus Prägestempeln und dem Mustermagazin, kam 1987 durch Ankauf in das Historische Museum Frankfurt. Die Grabstätte der Familie Trefz befindet sich auf dem Frankfurter Hauptfriedhof.

76 Raubmord in Bockenheim

Kurfürstenplatz 30

Der erste bewaffnete Bankraub der deutschen Nachkriegszeit ereignete sich in den östlichen Stadtteilen Frankfurts. Drei Räuber überfielen am 16. August 1952 die Filiale der Deutschen Effekten- und Wechselbank in Bockenheim am Kurfürstenplatz. Mit braunen Strumpfmasken über dem Kopf betraten sie das Gebäude. Vor der Tür stand ihr grauer Volkswagen mit laufendem Motor. Sie eröffneten ungehemmt das Feuer. Zwei Bankbeamte starben. Ein Dritter wurde schwer verletzt.

Aus dem offenen Panzerschrank erbeuteten sie 900 Mark. Der 27-jährige Räuber Robert Kircher stopfte 3.000 Mark in eine Aktentasche. Dabei geriet er in den Kugelhagel der Kollegen und wurde schwer verletzt. In der Eile übersahen die Räuber einen Geldvorrat von 30.000 Mark. Karl Maikranz und Johann Mais, die beiden anderen, bargen ihren Komplizen und flüchteten mit dem Käfer.

Ein Kunde nahm mit seinem Wagen die Verfolgung auf. Bei der Jagd schossen die Räuber auf den Verfolger. Eine Bahnüberführung stoppte ihn. Rasch fand die Polizei den grauen Käfer und den schwerverletzten Kircher.

Alle drei Räuber waren gebürtige Bockenheimer. Ursprünglich wollten sie den Überfall mit Handgranaten durchführen. Auf ihr Konto ging auch ein Banküberfall in Kronberg und auf einen Frankfurter Lebensmittelhändler. Die Flucht der Kollegen, so Kircher, ging nach Österreich oder in die Ostzone. Sie wurden gefasst und bekamen lebenslängliche Zuchthausstrafen.

77 Der Rententurm

Fahrtor 2

Der Rententurm ist Bestandteil der ab 1333 angelegten zweiten Frankfurter Stadtbefestigung, wie auch der Eschenheimer Turm und der Kuhhirtenturm. Er sicherte den Zugang zur Stadt am Fahrtor von der Mainseite aus. Der Turm ist quadratisch, hat vier Geschosse und ist Teil des Saalhofs. Er wurde 1454 bis 1456 durch den städtischen Werkmeister Eberhard Friedberger erbaut, den Raum im Dachgeschoss errichtete der Zimmermann Henze Monkeler. Von den Fenstern der vier sechseckigen Ecklauben konnte man ganz Frankfurt und den Mainlauf in beide Richtungen überblicken.

Der Rententurm sicherte das Fahrtor militärisch, diente aber hauptsächlich der Einnahme von Hafengebühren, Zöllen und Abgaben (=Renten). Die meisten Waren erreichten Frankfurt auf dem Wasserweg und wurden durch das Fahrtor in die Stadt gebracht. Im ersten Stock residierte der Rentmeister in einer holzverkleideten Rentenstube.

Nach Abriss des Fahrtors 1840 wurde das heute bestehende Zollgebäude im Stil der italienischen Renaissance daran angebaut. Der Erker des Fahrtors wurde in die Fassade integriert. Der Rententurm verlor damit seine Funktion. Seit 1927 bewohnte ihn der Dichter Fritz von Unruh. 2012 wurde der Rententurm als Teil des Historischen Museums vorbildlich restauriert und der Öffentlichkeit zugänglich gemacht. Die historische Wendeltreppe des 15. Jahrhunderts ist wieder benutzbar und erschließt alle Etagen des Gebäudes.

78 Die Rödelheimer Münze
Auf der Insel 2/2a

Im Ort Rödelheim, 788 erstmals erwähnt, wurde im 12. Jahrhundert eine Wasserburg an der Nidda errichtet. Daraus entstand das spätere Schloss Rödelheim. Auf dem Erbweg kamen Burg und Ort Rödelheim 1461 in den Besitz der Grafen von Solms. Seit 1607 wurde Rödelheim Residenz der kleinen Grafschaft Solms-Rödelheim mit etwa 3.000 Einwohnern. Die Grafschaft bestand bis 1806 und wurde dann der Landgrafschaft Hessen-Darmstadt zugeschlagen. Wichtigste Orte der Grafschaft Solms-Rödelheim waren Rödelheim, Niederwöllstadt und Ossenheim; die Grafen waren im Mitbesitz (Kondominat) von Praunheim, Assenheim, Niederursel und Petterweil.

Schriftlichen Unterlagen zufolge wurde 1616/1617 eine Münzstätte errichtet. Rödelheimer Münzen sind uns aus den Jahren 1622, 1656 bis 1658, 1675/1676 und zwischen 1680 und 1686 bekannt. Zweck der Münzstätte war es, in den beiden Zeiten der Geldverschlechterung (1618–1622 und 1675–1690), den sogenannten Kipper- und Wipperzeiten, minderwertiges Geld herzustellen. Der Profit dieses Treibens ging natürlich in die Kasse der Grafen. In der zweiten Kipperzeit um 1685 stellten sie ihre Prägestätte auch auswärtigen Münzpächtern zur Verfügung. So prägte man in Rödelheim planmäßig schlechtes Geld für Hohenlohe und Sachsen-Coburg.

Die Prägestätte in Rödelheim wurde 1686 für immer geschlossen. Ihre Lage befand sich am Mühlbach in der Nähe des Schlosses gegenüber den Häusern Auf der Insel 2/2a.

79 Die Römer-Börse

Römer

Das älteste Bankgeschäft in Frankfurt war der Münzwechsel. Seit 1346 durften Goldschmiede unter Aufsicht des Rates dieses einträgliche Geschäft durchführen. Eine eigene Münzprägung, zunächst vom Kaiser durchgeführt, gab es in Frankfurt seit etwa 1170. Entscheidend für die Entwicklung Frankfurts zum Finanzplatz war die Einrichtung der beiden zweiwöchigen Reichsmessen, seit 1240 für den Herbst und zusätzlich seit 1333 für das Frühjahr gewährt. Im 15. Jahrhundert kam der Wechsel als handelbares Wertpapier auf den Messen in Verwendung.

Den Beginn der Frankfurter Börse war eine Anfrage von 82 Kaufleuten zur Herbstmesse 1585 an den Rat der Stadt Frankfurt, worin sie um die Genehmigung der Festsetzung des Kurses von neun Münzsorten baten. Der Rat stimmte zu. Die Kaufleute stammten überwiegend aus Nürnberg, Antwerpen, Bergen, Valenciennes und Brüssel. Die seitdem regelmäßigen Versammlungen wurden 1605 erstmals „Börse" genannt.

Die Versammlung der Kaufleute tagte im Freien auf dem Platz vor dem Römer. Bei Regen in der Halle des Rathauses. Während der Messen fand die Börse täglich von 10 bis 14 Uhr statt, vor allem unter Teilnahme der niederländischen und italienischen Kaufleute. Außerhalb der Messen traf man sich nur zweimal wöchentlich um 12 Uhr für eine Stunde. Juden waren dort nicht zugelassen, berieten sich aber auf dem Samstagsberg an der Ostseite des Platzes. So konnten Kurse auf kurzem Weg abgestimmt werden. Der älteste Kurszettel der Frankfurter Börse liegt vom 5. April 1625 vor.

80 Bankhaus Rothschild

Bockenheimer Landstraße 10

Mayer Amschel Rothschild, geboren 1744 in der Frankfurter Judengasse, begann sein Geschäft als Münzen- und Medaillenhändler.
Sein Angebot legte er in gedruckten Münzkatalogen vor. Zu dieser
Zeit baute gerade der junge Erbprinz Wilhelm von Hessen-Kassel
zu Hanau sein Münzkabinett aus. Er wurde ein vertrauter Kunde
Rothschilds. 1770 heiratete der Münzhändler die Gütle Schnapper,
mit der er fünf Söhne hatte. Nach 30 Jahren Arbeit war Rothschild
ein wohlhabender, aber kein reicher Mann.

Der Durchbruch des Bankhauses ist alter Freundschaft zu verdanken. Landgraf Wilhelm, dank des Soldatenhandels einer der reichsten Fürsten seiner Zeit, musste 1806 vor Napoleon fliehen. Seine
Geschäfte und Teile seines Vermögens vertraute er Rothschild an,
der damit vorteilhaft wirtschaftete. In dieser Zeit legte er das Unternehmen in die Hände seiner fünf Söhne. Diese verteilten sich auf
fünf Niederlassungen in Frankfurt, Paris, London, Wien und Neapel.
M. A. Rothschild & Söhne war der führende Akteur an den europäischen Börsen des 19. Jahrhunderts und von ca. 1815 bis 1915 das
größte Bankhaus der Welt.

In Frankfurt erinnern zahlreiche Parks, Gebäude, Stiftungen, kulturelle, religiöse und wohltätige Einrichtungen an das mäzenatische
Wirken der Familie Rothschild für ihre Heimatstadt. Zu nennen sind
das Rothschildpalais am Untermainkai, Villa Günthersburgpark, der
Grüneburgpark, der Rothschildpark und das Clementine Kinder-
krankenhaus.

81 Der Rothschildbanküberfall

Fahrgasse 146

Noch zu Lebzeiten des berühmten Mayer Amschel Rothschild erging ein Auftrag der Gebrüder Rothschild an den Städtischen Baudirektor Philipp Heinrich Hoffmann (1778–1834), in Frankfurt ein eher bescheidenes Bankgebäude für die Zentrale des Bankhauses M. A. Rothschild & Söhne zu errichten. Standort des Gebäudes wurde das Grundstück Fahrgasse 146, unweit der Konstablerwache und am Nordende der Judengasse gelegen.

Das Bankhaus war 1810 fertig. Hier residierte Amschel Mayer Rothschild (1773–1855), der älteste und zugleich vorsichtigste der fünf Rothschildsöhne. Während der Friedensverhandlungen von 1871 im Frankfurter Hotel „Zum Schwan" quartierte sich im Hotel „Wiener Hof" der 27-jährige Charles Müller aus Metz ein. Er wollte Rache nehmen für die Niederlage seines Vaterlandes. Mit 41 Dynamitpatronen um den Leib geschnallt, betrat er das Comptoir des Bankhauses Rothschild. Der alte Buchhalter Müller erhielt von ihm drei Zettel mit Forderungen von vier Millionen Gulden. Der Attentäter wurde ausgelacht und ohne Widerstand verhaftet. Es kam zur Verhandlung. Der Verteidiger führte aus, das alles seien Taten eines geistig Gestörten. Das Gericht entschied auf Freispruch.

Letzter männlicher Nachkomme des Frankfurter Zweiges war Wilhelm Carl von Rothschild (1828–1901). Nach dessen Tod übernahm die Disconto-Gesellschaft das Frankfurter Bankhaus und verkaufte das Stammhaus. Es war von 1924 an Bibliothek der Jüdischen Gemeinde und Sitz des Jüdischen Museums. 1944 wurde es zerstört.

82 Bankhaus Rüppell & Harnier

Hainer Hof 4

Im Jahr 1798 wurde die Firma „Rüppell & Harnier" als Wechsel- und Anleihegeschäft gegründet. Partner waren der hessen-kasselische Oberpostmeister und Hofbankier Simon Rüppell und sein jüngerer Schwager Louis Harnier. Der Rückhalt ihrer Finanzgeschäfte war bis 1806 die Unterstützung durch den reichen, geizigen und äußerst unsympathischen hessischen Landgrafen Wilhelm II. Dieser hatte viel an der Vermietung hessischer Soldaten nach England verdient.

Simon Rüppell bewohnte mit seiner Frau, deren Erbteil 30.000 Gulden betrug, das hessische Posthaus im Hainer Hof 4. Sein Schwager Harnier betrieb eine Warenhandlung im Haus zur Stadt Kopenhagen, Bleidenstraße 10. Rüppells Emissionstätigkeit begann 1794 mit 400.000 Gulden zu 4 % auf 5 Jahre für den Mainzer Kurfürsten. Partner dabei war sein Verwandter Wilhelm Peter Metzler. Bis zur offiziellen Vereinigung mit Harnier emittierte Rüppell neun Emissionen zu ca. zwei Millionen Gulden. Bis 1806 kam ein Anleihevolumen von ca. 18 Millionen Gulden hinzu.

Ein schwerer Schlag für Rüppell & Harnier war der Wechsel von Landgraf Wilhelm zur Firma Rothschild. 1810 schied Rüppell aus und überließ Harnier die Weiterführung der Geschäfte. Simon Rüppell wie auch Amschel Mayer Rothschild starben 1812, beide hinterließen ca. 195.000 Gulden. Dieses Erbe ermöglichte es Dr. Eduard Rüppell, dem ältesten Sohn des Bankiers, seine vier großen Forschungsreisen zum Wohl der Wissenschaften und zum Nutzen der Frankfurter Museen durchzuführen.

83 Der Schatz von Preungesheim

Preungesheim

Was ist ein Schatz? Nach § 984 BGB ist es eine Sache, die so lange verborgen gelegen hat, dass der Eigentümer nicht mehr zu ermitteln ist. Eigentümer des Schatzes ist zur Hälfte der Finder und zur Hälfte der Eigentümer des Bodens, in dem der Schatz verborgen war. Es ist dabei nicht entscheidend, ob die gefundenen Stücke im materiellen Sinne „wertvoll" sind. Bei Straßenbauarbeiten in Preungesheim im Jahre 1937 bargen Tiefbauarbeiter zunächst einen Keramiktopf und stellten fest, dass er 73 alte Münzen enthielt. Pflichtgemäß wurde der Schatz abgeliefert.

Der Inhalt des Topfes war eine bunte Mischung ausländischer und deutscher Münzen. Es gab fast 400 große, mittlere, kleine und kleinste Staaten, die alle ihr eigenes Geld herstellten. Dies spiegelt sich auch im Schatz von Preungesheim. Die Prägezeit der Münzen liegt zwischen etwa 1550 und 1618. Die ältesten Stücke sind Philippstaler von 1557 aus Nimwegen. Andere niederländische Gepräge stammen aus Antwerpen, Kampen und Tournai im Hennegau. Ein Taler wurde in Kuttenberg in Böhmen geprägt.

Die Mehrzahl der Münzen stammt von einheimischen Münzherrn wie Hanau, Friedberg, Solms und Frankfurt. Das jüngste Stück ist ein Dreikreuzerstück der Burggrafen von Friedberg in der Wetterau. Der Gesamtbetrag der Barschaft war 8 Gulden und 54 Kreuzer. Ausweislich seiner Zusammensetzung kam der Schatz um 1620 in die Erde, also in den Anfangsjahren des Dreißigjährigen Krieges. Teile davon werden ab 2017 im Historischen Museum Frankfurt zu sehen sein.

84 Schillers Grundstein

Taunustor

Der Dichter Friedrich von Schiller erfreute sich in Frankfurt großer Verehrung. Zeitweise übertraf seine Wertschätzung diejenige
seines Kollegen Johann Wolfgang von Goethe, hatte dieser sich
doch im Jahr 1817 für eine Gebühr von 30 Kreuzern aus der Frankfurter Bürgerschaft austragen lassen. Zum 100. Geburtstag Friedrich Schillers 1859 wünschte sich die Frankfurter Bürgerschaft ein
Denkmal zu Ehren Schillers.

Der Städelprofessor und Bildhauer Johannes Dielmann legte das
Gipsmodell einer Statue vor, mit dem er den Zuschlag zur Ausführung erhielt. 1860 bewilligte der Senat 14.070 Gulden und 17 Kreuzer zur Realisierung des Projektes. Vier Jahre später erfolgte die
feierliche Enthüllung, bei welcher der Paradeplatz in „Schillerplatz"
umbenannt wurde. Der Dichter trägt Mantel und Lorbeerkranz, in
den Händen Feder und Buch. Heute steht das Schillerdenkmal in
der Taunusanlage.

1938 erfolgte die Versetzung des Denkmals zum Rathenauplatz.
Dabei fand sich im Sockel ein kleiner Münzschatz, der eindeutig als
Grundsteinbeigabe gedacht war. Es handelt sich um 59 Münzen,
alles Gepräge aus der Münze der Freien Stadt Frankfurt. Einzige
Goldmünze war ein Dukat aus dem Jahr 1853. Die 50 Silbermün-
zen waren Doppeltaler, Taler, Gulden, Halbgulden und Kreuzer von
Frankfurt. Dabei befinden sich auch Gedenktaler auf Schillers 100.
Geburtstag von 1859. Jüngstes Stück ist ein roter Heller von 1863.
Der Grundsteinschatz des Schillerdenkmals ist ab 2017 im Histori-
schen Museum Frankfurt zu sehen.

85 Bankhaus Schönemann

Kornmarkt 15

Um ehrlich zu sein, das von 1646 bis 1784 bestehende Bankhaus Schönemann würde ohne das Verlöbnis zwischen Johann Wolfgang Goethe und Anna Elisabethe „Lilli" Schönemann (1758-1817) nicht in diesem Band auftauchen. Das Bankhaus entwickelte sich üblicherweise aus einer Warenhandlung, in diesem Falle der des Seidenbandhändlers Gottfried von der Lahr. Dessen Tochter heiratete den Hans Wolf Schönemann. Ihr Sohn gleichen Namens heiratete die Tochter des reichen Bankiers Jakob de Campoing und erwarb 1698 das Haus zum Liebeneck auf dem Kornmarkt.

Der Vater Lilli Schönemanns errichtete mit Johann Friedrich Heyder aus Leutkirch das Bankhaus Schönemann & Heyder. Er heiratete 1749 Susanna d'Orville. Das Bankhaus verdiente gut im Siebenjährigen Krieg und bei seinem Tod 1763 hinterließ Schönemann ein Vermögen von 100.000 Reichstalern. Nach dem Tod des Teilhabers Heyder beendete die Witwe die Handelsgemeinschaft, ein harter Schlag für Susanna Schönemann.

Da die Mittel knapp wurden, musste Lilli Schönemann das Verlöbnis mit dem wenig beschäftigten Advokaten Goethe lösen und 1778 den Straßburger Bankier Türckheim heiraten. Ihr Bruder Johann Noe Schönemann führte die Bankgeschäfte mit sehr wenig Erfolg fort. Nachdem 1784 die Zahlungsunfähigkeit des Bankhauses angezeigt worden war, floh der Geschäftsinhaber und beging in Heidelberg Selbstmord.

86 Seidenhandlung Schweitzer-Allesina

Zeil 48

Ein „majestätisches Palazzo" (Goethe) im frühklassizistischen Stil wurde 1794 an der Zeil fertiggestellt. Bauherr war der aus Verona stammende Seidenhändler Franz Maria Schweitzer (1722–1812). Er war seit 1751 mit Paula Allesina verheiratet, der Erbin eines großen Geschäfts mit italienischen und französischen Seidenwaren. Das Geschäftshaus war das Haus zur Stadt Antwerpen in der Neuen Kräme 5. Die Textilgeschäfte wurden durch florierenden Weinhandel und Bankgeschäfte ergänzt. Das Ehepaar hinterließ mit 1,04 Millionen Gulden eines der größten Vermögen Frankfurts.

Wie viele reiche Kaufleute Frankfurts hatte auch Franz Schweitzer den Wunsch nach einer repräsentativen Wohnstätte. Nicolas de Pigage begann 1788 mit dem Bau des Palastes. Goethe schreibt 1797 in der Schweizer Reise, er sei „in ächten, soliden und großen Style erbaut". Von einer der Fensterachsen fertigte er ein maßstäblich genaues Modell an und schickte es an die Bauleitung des neuen Schlosses in Weimar.

Der Architekt verwendete modernste Stilelemente von Louis Seize bis Directoire in diesem Gebäude. Die prachtvolle Innenausstattung mit Fresken geschah durch den kurtrierischen Hofmaler Januarius Zick. Die Erben des Bauherrn überließen das Haus dem Metzgermeister Stier, dessen Schwiegersohn hier 1827 das Luxushotel „Russischer Hof" einrichtete. Er war das bevorzugte Quartier der Gesandten der Frankfurter Bundesversammlung. Zu den bekanntesten Gästen gehörte Kaiser Wilhelm I. 1895 wurde das Palais Schweitzer abgerissen, um der Hauptpost Platz zu machen.

87 Das Selmihaus
Platz der Republik 6

Der persische Kaufmann und Bankier Ali Selmi betrieb in Frankfurt seit 1952 eine Grundstücksgesellschaft. Am 19. September 1968 gründete er zusätzlich die Selmi-Bank zum Betrieb von Bank- und Finanzgeschäften aller Art mit Aufnahme von Investmentgeschäften. 1973 gab die Bank Aktien zum Nennwert von 1.000 Mark heraus. Zwei Jahre später war sie insolvent.

Während dieser Zeit, von 1971 bis 1974, erbaute Selmi ein Hochhaus im Westend in Form einer schlanken Doppelscheibe. Die Architekten waren Johannes Krahn und Richard Heil. Während der Bauzeit gab es einen spektakulären Brand in dem Gebäude, der ganz Frankfurt in Aufregung versetzte. Mitten in der Stadt, am Platz der Republik in 140 Metern Höhe brannte es. Datum: der 22. August 1973. Brandstiftung war es nicht, sondern nur ein defektes Schweißgerät, in dessen Nähe trockenes Schalholz lag. Der Baustoff entzündete sich und Löschen war unmöglich. Es brannten die Stockwerke 39 bis 42. Der Unglücksort befand sich unmittelbar neben dem Studentenviertel. Diese sangen fröhlich „Jetzt verbrennen wir dem Selmi sein klein Häuschen". Der Bauherr Ali Selmi galt bei ihnen als Spekulant im Westend und war dementsprechend unbeliebt. Die Bilanz: 200 Evakuierte. Drei leicht verletzte Feuerwehrmänner. Vier Millionen Mark Sachschaden. Nach einer Bauverzögerung von sechs Monaten wurde 1974 eröffnet.

Da sich die Immobilie nur schwer vermieten ließ, wurde sie von Selmi zwei Jahre später an die DG-Bank verkauft. 2007/2008 erfolgte ein Umbau vor allem der Fassade durch den Architekten Christoph Mäckler. Heute dient das Gebäude als Cityhaus 1 der DZ-Bank.

88 Bankhaus Speyer

Taunusanlage 11

Die jüdische Bankiersfamilie Speyer kam nach Frankfurt, wo sie das Haus „Goldener Hirsch" in der Judengasse bewohnte. Schon bald gehörten sie zu den prominenten und wohlhabenden Einwohnern der Stadt. Der Bankier und kaiserliche Hoffaktor Isaak Michael Speyer stand mit einem Vermögen von 420.000 Gulden an der Spitze der jüdischen Steuerzahler. 1818 entstand das Bankhaus Lazard Speyer Ellissen, welches 1837 in New York und 1861 in London weitere Banken gründete.

Wichtigste Persönlichkeit der Familie ist zweifellos Georg Speyer (1835–1902). Nach Ausbildung in London und New York war er seit 1868 im väterlichen Bankgeschäft als Teilhaber tätig. Zusammen mit seiner Frau Franziska, geb. Gumbert, einer Berliner Bankierstochter, war er ein bedeutender Förderer künstlerischer, wissenschaftlicher und sozialer Einrichtungen. Für die neue Universität finanzierte er zwei Lehrstühle. Franziska Speyer stiftete 1906 eine Million Mark für das medizinische Forschungsinstitut Paul Ehrlichs. Georg Speyer wohnte 1875 in der Westendstraße 55. Nachbarn waren die Bankiers Wilhelm Bernhard Bonn (Westendstraße 45) und Karl Sulzbach (Westendstraße 47).

Inhaber war in den 1920er Jahren Eduard Beit von Speyer (1860–1933), der eng mit den Speyer-Banken seiner Schwäger in New York und London zusammenarbeitete. Das Bankhaus wurde 1934 liquidiert. Das Geschäftsgebäude von Lazard Speyer Ellissen befand sich 1888 bis 1907 in der Neuen Mainzer Straße. 23, dann seit 1907 in der Taunusanlage 11 Ecke Mainzer Landstraße 1. 1947 erwarb die Chase Manhattan Bank die Liegenschaft und riss das Gebäude 1970 ab, um einen Neubau zu errichten.

89 Die Stadtsparkasse

Hasengasse 4

Die Lehrer Berndheisel und Wenderoth und der Zimmermeister Lauer übergaben dem Bockenheimer Stadtrat 1853 den Statutenentwurf für eine Sparkasse. Die „Sparkasse der Stadt Bockenheim" wurde am 6. Januar 1860 mit einem Kassenbestand von 200 Gulden Wirklichkeit. Die Eröffnung wurde mit einer Schelle in den Nachbargemeinden Ginnheim, Praunheim, Eschersheim, Eckenheim, Berkersheim, Preungesheim, Sulzbach, Bergen und Fechenheim verkündet. Am ersten Arbeitstag wurden 29 Sparbücher mit 378 Gulden und 30 Kreuzern Einlage ausgegeben. Für die Geldbestände gab es eine eiserne Kiste.

Durch das Eingemeindungsgesetz von 1895 wurde Bockenheim der Stadt Frankfurt eingegliedert. Damit ging die Sparkasse als „Städtische Sparkasse" mit allen Aktiva und Passiva in den Besitz der Großstadt über. Die Geschäftsräume wurden 1901 in die neue Hauptstelle in der Münzgasse 2 verlagert. Die Stadtsparkasse war eine „Dienststelle der Stadt Frankfurt" und sogar seit 1903 im Rathausneubau am Paulsplatz untergebracht. 1917 zog sie an den Großen Kornmarkt. 1928 wurde im Zuge der Eingemeindung die 1911 gegründete Städtische Sparkasse Höchst übernommen. Mit der Übernahme des „Frankfurter Bankvereins AG" in der Weltwirtschaftskrise erfolgte 1930 der Sprung an den Börsenplatz 5. 1955 legte Oberbürgermeister Walter Kolb den Grundstein zum Neubau des Hauptsitzes der Frankfurter Sparkasse in der Hasengasse 4. 1988 wurde per Landesgesetz die Frankfurter Stadtsparkasse mit der Frankfurter Sparkasse von 1822 (Polytechnische Gesellschaft) vereinigt. Das Gebäude in der Hasengasse wurde 2006/2007 von der DIC zur Zentrale der Frankfurter Stadtbibliothek umgebaut.

STAEDELSCHES KUNSTINSTITUT

STIFTUNG
1815.

NEUBAU
1877.

90 Bankier Städel

Schaumainkai

Johann Friedrich Städel, der Stifter des bekannten Kunstinstituts, hinterließ 1816 nahezu 1,5 Millionen Gulden. Sein Vater Johann Daniel Städel war 1718 aus Straßburg nach Frankfurt gekommen. Er übernahm nach Heirat mit Dorothea Petzel, der Tochter eines reichen Handelsmanns, einen Spezereiwarenhandel am Großen Kornmarkt. Der Vater und der 1728 geborene Sohn betrieben zusammen ausgedehnte und verschiedenartige Geschäfte. Sie handelten in großem Umfang mit Gewürzen, Farbwaren, Salpeter, Wachs, Blei, Kupfer, Zinn und vielem mehr.

Nach Tod des Vaters bezog Städel das Haus zum Bären auf dem Roßmarkt Nr. 18 und ließ es umbauen. Dieses Haus hatte 100 Jahre vorher Johann von Bodeck bewohnt, der erste Frankfurter Guldenmillionär. Städel reduzierte den Warenhandel und widmete sich nur noch dem noch einträglicheren Geldhandel. Als Bankier investierte er oft in die Geschäfte zuverlässiger Kaufleute. Sein besonderes Vertrauen brachte Städel dem Münzhändler und Wechseljuden Mayer Amschel Rothschild entgegen. Er übertrug ihm 1799 eine Geldeinlage von 70.500 Gulden. Dies versetzte Rothschild überhaupt in die Lage, in großem Umfang spekulative Warengeschäfte mit englischen Manufakturwaren und Wein durchzuführen.

Städels Kapitalkonto stieg von 580.000 Gulden 1783 auf 1.407.000 Gulden 1816. Nebenbei baute er eine private Kunstsammlung im Wert von 72.000 Gulden auf. Ein Museumsbau im Sinne des Stifters wurde zuerst an der Neuen Mainzer Straße und 1878 am Schaumainkai errichtet.

nicht betreten   please keep off the platform   bitte nicht betreten

91 Die Städtische Münzsammlung

Fahrtor 2

Das Historische Museum Frankfurt beheimatet eine der größten Münzsammlungen Deutschlands. Ihr Beginn liegt im Jahr 1749, dem Geburtsjahr Goethes (auch er war übrigens ein Münzsammler). Frau Katharina Elisabeth von Barckhaus vermachte im genannten Jahr per Testament der Frankfurter Stadtbibliothek das Münzkabinett ihres ersten Mannes Anton Philipp Glock. Es handelte sich um über 3.000 antike Münzen der Griechen und Römer aus Gold, Silber und Bronze. Sie ist heute im Historischen Museum Frankfurt ausgestellt.

Nach dieser Gründung vergrößerte sich die städtische Münzsammlung durch zahlreiche Schenkungen und Ankäufe. Es war das erklärte Ziel aller Kuratoren der Sammlung, den Bereich der Frankfurter Münzen, Münzstempeln, Banknoten, Druckplatten, Orden, Münzwaagen, Plaketten, Notgeld, Rechenpfennigen, Marken und Medaillen auf den Stand größtmöglicher Vollständigkeit zu bringen. Die Münzen zeugen von der jahrhundertelangen Prägetradition der Handelsstadt. Die Medaillen illustrieren Frankfurter Ereignisse und bilden Frankfurter Persönlichkeiten ab.

Mit dem Ankauf der Sammlung des Frankfurter Kaufmanns Ernst Lejeune 1939 kam die größte und bedeutendste, 45.000 Stücke umfassende Privatsammlung deutscher Münzen des Mittelalters und der Neuzeit in das Museum. Auf dieser Basis entsteht ab 2017 in der Galerie „Geldstadt" des Historischen Museums eine Ausstellung von „nur" 4.000 Münzen aller Länder des Heiligen Römischen Reiches Deutscher Nation vor 1806.

92 Claus Stalburg der Reiche

Kornmarkt

Claus Stalburg (1469–1524) war zu seinen Lebzeiten der reichste Mann Frankfurts. Sein Vater Claus Stalburg und sein Onkel Craft Stalburg hatten zusammen mit der Familie Bromm eine große Handelsgesellschaft gegründet. Wichtigstes Handelsgut waren Kleidung und Textilien, auch in Form von Pelzen und Seide. Die Verbindungen der Gesellschaft spielten sich zwischen Lübeck, Antwerpen und Venedig ab. Allein das dortige Warenlager war 6.000 Gulden wert. Enge Kontakte gab es regelmäßig zu den Geschäftspartnern in Straßburg, Basel, Nürnberg und Augsburg.

Claus Stalburg, genannt „der Reiche", erbte ca. 50.000 Gulden beim Tod von Vater und Onkel. 1499 heiratete er die Patriziertochter Margarethe vom Rhein, die ihm weiteres Geld zuführte. Das Kaufmannsgeschäft betrieb Stalburg nur noch nebenher. Er investierte sein Geld in zahlreiche Immobilien. Heute noch bekannt sind die Stalburg im Nordend und das Haus Wertheym am Fahrtor. Sein wichtigstes Bauprojekt war 1497 die Errichtung eines Gebäudes an der Westseite des Kornmarktes. Er hatte vier ältere Häuser gekauft und abreißen lassen, um einen Palast im spätgotischen Stil zu errichten. 1789 erwarb die reformierte Gemeinde das Haus zum Bau der reformierten Kirche an jener Stelle.

Stalburgs besondere Zuwendung galt dem Karmeliterkloster. Er finanzierte die Ausgestaltung des Kreuzgangs durch den Maler Jörg Ratgeb und wählte das Kloster auch als Begräbnisstätte. Zwei lebensgroße Stifterbilder von Claus und Margarethe Stalburg befinden sich im Städel.

93 Bankhaus Stern
Neue Mainzer Straße 42

Als erste Weinhandlung mit jüdischem Betreiber entstand 1778 in Frankfurt das Geschäft von Samuel Hayum Stern. Dessen Tochter Caroline heiratete im Jahr 1800 Salomon Mayer Rothschild, denjenigen der fünf Brüder, der das Geschäft in Wien aufbaute. Deren Bruder Jacob Stern wiederum wandelte die Weinhandlung 1799 in ein Emissionshaus um. Von den vier Söhnen Jacob Sterns ließen sich zum Zweck der Bankgründung zwei in London und zwei in Paris nieder. Auf diese Weise konnte die Familie Stern internationale Emissionsgeschäfte abschließen.

Unter Theodor Stern (1837–1900), seit 1869 der Inhaber, wurde „Jacob S.H. Stern" zu einer der größten Privatbanken Deutschlands. Im Frieden von Frankfurt wurde 1871 vereinbart, dass die Republik Frankreich eine Kriegsentschädigung von fünf Milliarden Francs zahlen musste. Die drei Häuser Stern übernahmen eine große Beteiligung an der französischen Staatsanleihe von 1872, die diesem Zweck diente.

Stern war, wie nahezu alle jüdischen Privatbankiers, ein großer Mäzen für seine Heimatstadt Frankfurt. Er stiftete die Taubstummenanstalt und das Volksbrausebad, finanzierte Waisenheime und Publikationen zur Frankfurter Geschichte. Sterns Leidenschaft aber war die Medizin. Daher verwendete er bedeutende Mittel zur Einrichtung einer Medizinischen Fakultät an der Frankfurter Universität. Die Firma wurde in den 1930er Jahren vom Bankhaus B. Metzler übernommen, mit dem sie im gleichen Haus tätig waren. Die Gefahren und Lösungswege in dieser politischen Situation waren mit Albert von Metzler abgesprochen.

94 Bankhaus Sulzbach

Bockenheimer Anlage 35

Abraham Sulzbach, der Vater der Bankgründer, kam 1809 aus Fürth nach Frankfurt. Er machte sich 1823 als vereidigter Wechselmakler selbstständig und war der Herausgeber des besten Kursblatts der Frankfurter Börse. Die Söhne Siegmund und Rudolf heirateten beide Frankfurter Bankierstöchter und erhielten 1844 und 1853 das Frankfurter Bürgerrecht. 1856 gründeten sie gemeinsam das Bankhaus Sulzbach.

Die Firma expandierte rasch mit ausländischen Anleihen und Finanzierung neuer Industrien. 1856 ist Rudolf Sulzbach (1827–1904) Mitbegründer der Mitteldeutschen Creditbank, die heute in der Commerzbank fortbesteht. 1870 gehörte er zu den Gründern der Deutschen Bank. Für Emil Rathenau und die spätere AEG stellte er das zur Gründung erforderliche Kapital zur Verfügung. Die ihm angetragene Erhebung in den Adelsstand lehnte er ab. Seine Söhne Karl und Walter Sulzbach führten das Bankgeschäft fort. Letzterer war aber hauptberuflich von 1930 bis 1933 und 1956 bis 1960 Professor für Soziologie an der Frankfurter Universität. Deren Schwager Heinrich Kirchholtes, Teilhaber seit 1920, wurde 1937 alleiniger Inhaber der nun unter seinem Namen firmierenden Bank. 1968 übernahm Sal. Oppenheim das traditionsreiche Bankhaus.

Die räumlichen Anfänge des Bankhauses Sulzbach liegen in der Allerheiligenstraße 89. Nach Verkauf der Liegenschaft an Leopold Sonnemann befand es sich von 1871 bis 1904 in der Bockenheimer Anlage 35. Seit 1923 waren die Geschäftsräume in der Mainzer Landstraße 4–6 und seit 1932 in der Goethestraße 34.

95 UBS

Opernplatz

Ein Konsortium von sechs Privatbanken gründete 1854 den Basler Bankierverein. Ein anderes Konsortium von 26 Gründern fand sich im Dezember 1870 zur Konstituierung des Frankfurter Bankvereins zusammen. An Aktien zeichneten das Privatbankhaus Th. Stern 537.000 Gulden und die Bankiers Königswarther, Goll, Bethmann, Goldschmidt und Weiller jeweils 358.000 Gulden. Unter den Zeichnern fehlten die Namen Sulzbach, Metzler und Rothschild. Der Bankverein nahm zügig den Geschäftsbetrieb auf und war in den 1870er Jahren an der Gründung von neun weiteren Banken beteiligt.

1871 gründeten der Basler Bankierverein und der Frankfurter Bankverein zusammen den Basler Bankverein. Ort der Bankgründung war Frankfurt, wobei der heimische Bankverein 65 % des Aktienkapitals übernahm. Während der Frankfurter Bankverein schon 1886 zur Deutschen Bank kam, erlebte der Basler Bankverein einen gewaltigen Aufstieg. Nach mehreren Fusionen nannte sich das Institut ab 1897 Schweizerischer Bankverein. Ein Jahrhundert später fusionierte dieser 1998 mit der traditionsreichen Schweizerischen Bankgesellschaft/UBS zur Großbank UBS. Gemessen an der Bilanzsumme entstand die zweitgrößte Bank der Welt.

1987 kam der Bankverein in Gestalt einer Tochtergesellschaft zurück nach Frankfurt in die Ulmenstraße 30. Optisch präsent in der Finanzmetropole ist die UBS heute als Hauptmieter des Opernturms am Frankfurter Opernplatz. Präsident des Verwaltungsrates ist der ehemalige Direktor der Deutschen Bundesbank, Prof. Dr. Axel Weber.

96 Villa Kennedy

Kennedyallee 70

Der Bankier Eduard Beit (1860–1933) war ein Jugendfreund des New Yorker Bankiers James Speyer, mit dessen Schwester Lucie er verheiratet war. Dieser berief ihn 1892 als Prokurist zum Frankfurter Stammhaus von Lazard Speyer-Ellissen. Beit war seit 1902 Teilhaber und bis 1931 schließlich Aufsichtsratsvorsitzender des Bankhauses. Auch in den Aufsichtsräten der Frankfurter Bank und der Metallgesellschaft war er vertreten. 1910 wurde er unter dem Namen Beit von Speyer geadelt.

Eduard Beit von Speyer war einer der reichsten Männer des Deutschen Reiches. Bei der Gründung der Frankfurter Universität stand er an führender Stelle und wurde zum Ehrenbürger der Hochschule ernannt. Das Ehepaar Beit von Speyer förderte zahlreiche soziale und wissenschaftliche Einrichtungen der Stadt, die sich 1930 mit der Verleihung der Ehrenplakette bedankte.

Ursprünglich in der Forsthausstraße 62 gelegen, ließ Eduard Beit 1904 diese Villa in nachgezeichneten Formen der Gotik und der Renaissance erbauen. Architekt war Alfred Günther aus Frankfurt. Auf der Ostseite bestimmt ein Eckturm den Bau, der eine Risalitgliederung hat. 1938 wurde die Gründerfamilie enteignet. Das Anwesen ging in das Eigentum der Stadt Frankfurt über, die es dem Kaiser Wilhelm Institut für Biophysik, ab 1948 Max-Planck-Institut für Biophysik zur Verfügung stellte. Heute ist die Villa Speyer Eingang und Bestandteil eines größeren Hotelkomplexes.

97 Der Wechsel von 1402

Römer

Neben einer Münzstätte hatte Frankfurt um 1350 auch mehrere Wechselbänke, die von privaten Wechslern betrieben wurden. Mit einer Bestimmung von König Ruprecht wurde im Sommer 1402 das Wechselrecht in städtische Hände gelegt. Inhalt des Wechselbetriebes war die Kursfestsetzung auswärtiger Münzen im Frankfurter Zahlungsverkehr. Auf diese Weise wurde der Münzverschlechterung effektiv begegnet. Schlechte Münzen bekamen einen schlechteren Kurs.

Zur Herbstmesse 1402 kaufte die Stadt eine Goldwaage, mehrere Waagen für gemünztes und ungemünztes Silber, zwei große Tische aus Nussbaum, drei Geldkisten und vier Schirme gegen Sonne und Regen. Für Aufsicht und Betrieb dieser Wechseleinrichtung wurden 14 Personen vereidigt. Es waren einheimische Patrizier und Händler, erfahren im Umgang mit Wechselbetrieb und Edelmetall. Als Wechselstube diente ein Warenverkaufsstand auf dem Römer vor der Nikolaikirche. Da der Wechsel einen hohen Kapitaleinsatz erforderte, legte der Rat 900 Gulden als Gründungskapital in die Kasse.

Chef des städtischen Wechsels war der Kaufmann Jekil Humbrecht. Bei erhöhtem Wechselaufkommen während der Messen arbeiteten weitere Beschäftigte gegen Aufwandsentschädigung mit. Die Abrechnung nach der Herbstmesse 1402 ergab einen Gewinn von 90 Gulden bei 900 Gulden Einlage. Das Grundkapital gab Humbrecht 1403 der Stadt zurück. Die Zentralisierung des Wechsels stellt eine Vorstufe der Institution Bank dar. Das Institut verfügte über verzinsliche Einlagen. Nicht nachweisbar sind geregelte Kontoführung und bargeldlose Zahlungen.

98 Wechselstube

Römerberg 28

Unmittelbar am Krönungsweg zwischen Dom und Römer, in exponierter Lage als Eckhaus zum Markt, liegt das 1984 wieder errichtete dekorative und oft fotografierte Haus „Zum Wechsel". Darin befindet sich, wie der Name schon sagt, eine Wechselstube. Hier können die Touristen aus England, der Schweiz und Übersee ihr Bargeld in Euro und umgekehrt wechseln, auch samstags und sonntags. Dazu gehört, ungewöhnlich für einen Wechsel, auch ein kleines Café.

Dieser Wechsel kann auf eine reiche Tradition zurückblicken. Der frühere Name des Hauses lautet „Großer Engel", zuerst genannt 1342. Gut 130 Jahre später besaß der städtische Münzmeister Friedrich Nachtrabe das Haus. Ihm folgte im Amt und Haus Hans Engelender, Münzmeister von 1491 bis 1507. Dieser betrieb im Goldenen Engel seine Werkstatt und richtete eine Wechselstube zum Geldwechseln im Erdgeschoss ein. Dafür war die Lage des Gebäudes geradezu ideal, im Zentrum des jahrhundertelangen Messehandels und am Entstehungspunkt der Frankfurter Börse (vgl. 101 Geldorte, Nr. 79). Aufgrund dieser Funktion änderte sich im Volksmund der Name des Gebäudes hin zum „Wechsel".

Ein Um- und Neubau zum heutigen Erscheinungsbild erfolgte 1562. Es entstand ein Fachwerkhaus mit prächtigen Verzierungen. Im März 1944 brannte der Wechsel mit der Ostzeile des Römerberges bis auf das steinerne Erdgeschoss nieder. Die gesamte Hausreihe entstand 1984 als Rekonstruktion neu, wobei der Wechsel wieder sein historisches Gewerbe fortführte. Es gibt ihn auch als Faller-Haus.

99 Bankhaus Wertheimber

Schöne Aussicht 16

Der aus Worms stammende Samson Wertheimber war um 1700 Oberrabbiner und kaiserlicher Hoffaktor in Wien. Im Rahmen seiner Geschäftsbeziehungen nach Frankfurt heiratete seine Tochter Sara den Bankier Moses Löb Isaak zur Kann in Frankfurt. Sein Urenkel Zacharias Wertheimber gründete 1769 in Frankfurt eine Firma in Wechseln und Kommissionen.

Der Architekt Johann Georg Christian Hess entwarf 1805 für Wertheimber ein Haus an der Schönen Aussicht 16. Es stand auf dem 1799 neu erschlossenen Baugelände des Fischerfelds, hochwassergefährdet und daher auf aufgeschüttetem Grund. Der Bankier erwarb zwecks größerer Ausführung benachbarte Parzellen mit der Gesamtlänge von 35 und einer Tiefe von 20 Metern. Später wohnte Schopenhauer in diesem Haus. Es überdauerte als Einziges die Bomben vom März 1944 und wurde erst unlängst abgerissen.

Zu dieser Familie gehörte auch Lazarus Wertheimber aus Fürth, der im Jahre 1854 unter dem Namen Louis Wertheimber in Frankfurt ein Bankgeschäft eröffnete. Sieben Jahre später trat sein Bruder Emanuel hinzu. Die Bank hatte ausgezeichnete internationale Beziehungen, die auf Verwandtschaftsverhältnissen basierten. Die Bankhäuser in Nürnberg und Fürth, speziell im Brauereigewerbe tätig, wurden der Dresdner Bank übertragen. Nach dieser Fusion waren die Wertheimber im Aufsichtsrat dieser befreundeten Bank vertreten. Ein Übernahmeangebot für das Frankfurter Haus lehnten sie ab. 1914 ging L. & E. Wertheimber an die Deutsche Vereinsbank über.

100 Bankier Willemer

Töngesgasse 41

Der Bankier Johann Jakob Willemer (1760–1838) ist bekannter durch die Beziehung seiner jugendlichen dritten Gattin zu Goethe als durch seine Bankgeschäfte. Sein Vater, ein Pfarrerssohn, brachte es zum Bankier mit Geschäft und Haus „Zur französischen Krone" in der Töngesgasse 49. Nach dessen frühem Tod übernahm zunächst die Mutter und dann Willemer selbst die Firma, wobei er auch die durch Soldatenwerbung aufgekommenen geschäftlichen Beziehungen zum preußischen Staat erbte. Einige Jahre gehörte Willemer dem Frankfurter Senat an.

1793/1794 brachte er preußische Staatsanleihen auf sieben Jahre zu 4 % für 12 Millionen Gulden unter und 1794/1795 zusammen mit dem Bankhaus B. Metzler noch einmal 13 Millionen Gulden. Die Provisionen dieser gewaltigen Beträge ließen sein Vermögen in sehr kurzer Zeit auf 300.000 Gulden anwachsen. Als kostenlose Zugabe wurde Willemer zum preußischen Hofbankier und Geheimrat ernannt. Verluste erlitt er freilich durch persönliche Kredite an Mitglieder der Königsfamilie.

Das Haus in der Töngesgasse verkaufte Willemer 1796, um in das Stadthaus „Zum Roten Männchen" am Main umzuziehen. Als Sommeraufenthalt diente ihm die Gerbermühle bei Oberrad. Das Bankgeschäft gab Willemer 1815 auf, um sich ganz seinen wirklichen Leidenschaften, dem Theater, der Wissenschaft, seiner jungen Frau und der Politik zu widmen. Seinen drei Schwiegersöhnen, allesamt vermögende Handelsleute, übertrug er ein Kapital von 305.493 Gulden.

101 Zeilgalerie

Hauptwache

Der Bauunternehmer Jürgen Schneider (*1934) war ein angesehener Bauinvestor. Er investierte viel Geld in die qualitätsvolle Sanierung historischer Immobilien im Zentrum deutscher Großstädte. Firmensitz Schneiders war die Villa Andreae in Königstein, ein wahres Bürgerschloss. Sie wurde 1891 von dem Architekten Franz von Hoven für den Privatbankier Albert Andreae de Neufville erbaut. Schneiders ambitionierte Projekte wurden ihm von verschiedenen Banken finanziert. Es sollte sich erweisen, dass die Mieteinnahmen bei Weitem den Erwartungen des Bauherrn nicht entsprachen. Die meisten Projekte erwiesen sich als unrentabel und konnten nur durch immer neue Kredite am Leben gehalten werden. Die Mitarbeiter der Kreditabteilungen hatten vorab ungeprüft falsche Flächenangaben Schneiders akzeptiert.

Als sich im April 1994 die Pleite abzeichnete, floh das Ehepaar Schneider ins Ausland. Es hinterließ Bankschulden in Höhe von 5,4 Milliarden DM und weitere Schulden von 1,3 Milliarden DM. Die Deutsche Bank als größter Einzelgläubiger war mit 1,2 Milliarden DM dabei. Deren Vorstandssprecher Kopper bezeichnete in diesem Zusammenhang einen Betrag von 50 Millionen DM, die den von Schneider engagierten Handwerkern ausstanden, als „Peanuts".

Prominentestes Frankfurter Beispiel für den Milliardenverlust ist die Zeilgalerie an der Hauptwache. Schneider erhielt für seine Pläne Kredite über 415 Millionen DM. Die Zeilgalerie wurde im September 1992 als Einkaufszentrum in einer schmalen Baulücke zwischen zwei Kaufhäusern eröffnet. Schneider gab die Nutzfläche mit 22.000 qm an, sie hatte aber nur 9.000 qm.

Literatur

E. Achterberg, Der Bankplatz Frankfurt am Main, Berlin 1955.

F. Backhaus, Mayer Amschel Rothschild, Freiburg 2012.

B. Baehring, Börsen-Zeiten. Frankfurt in vier Jahrhunderten zwischen Antwerpen, Wien, New York und Berlin, Frankfurt 1985.

F. Berger, Geld ohne Grenzen, Frankfurt 1998.

F. Berger/C. Setzepfandt, 101 Unorte in Frankfurt, Frankfurt 2011.

F. Berger/C. Setzepfandt, 102 neue Unorte in Frankfurt, Frankfurt 2012.

F. Berger/C. Setzepfandt, 103 Unorte in Frankfurt, Frankfurt 2013.

J. P. Bethmann, Bankiers sind auch Menschen. 225 Jahre Bankhaus Gebrüder Bethmann, Frankfurt 1973.

F. Bothe, Geschichte der Stadt Frankfurt am Main, Frankfurt 1929.

Commerzbank AG (Hrsg.), 100 Jahre Commerzbank, Frankfurt 1970.

A. Dietz, Frankfurter Handelsgeschichte, 4 Bände, Frankfurt 1910-1925.

Handelskammer zu Frankfurt am Main (Hrsg.), Geschichte der Handelskammer zu Frankfurt am Main 1707-1908, Frankfurt 1908.

M. Hauck, Albert Hahn. Ein verstoßener Sohn Frankfurts. Bankier und Wissenschaftler, Frankfurt 2009.

Hauck & Aufhäuser (Hrsg.), Unabhängig – Persönlich – Unternehmerisch. Eine Chronik von Hauck & Aufhäuser Privatbankiers seit 1796, Frankfurt ohne Jahr.

G. Heuberger, Die Rothschilds. Eine europäische Familie, Sigmaringen 1994.

W. Hofmann, Bilanz eines Jahrhunderts. Frankfurter Bank 1854-1954, Frankfurt 1954.

C.-L. Holtfrerich, Finanzplatz Frankfurt, München 1999.

IHK 1808 bis 2008. 200 Jahre IHK Frankfurt am Main, Frankfurt 2008.

P. Joseph/E. Fellner, Die Münzen von Frankfurt am Main, Frankfurt 1896.

H.-D. Kirchholtes, Jüdische Privatbanken in Frankfurt am Main, Frankfurt 1969.

W. Klötzer (Hrsg.), Frankfurter Biografie, 2 Bände, Frankfurt 1994/ 1996.

F. Lauf, Im Zeichen des Bienenkorbes. Chronik der Frankfurter Sparkasse von 1822, Frankfurt 1984.

Lehmanns Adress-Buch von Frankfurt am Main und Umgegend, Frankfurt 1896.

F. Lerner, Hundert Jahre im Dienste der deutschen Wirtschaft, Frankfurt 1956.

F. Lerner, Von der Frankfurter Gewerbekasse zur Frankfurter Volksbank, Frankfurt 1962.

F. Lübbecke, Das Antlitz der Stadt, Frankfurt 1952.

H. Meyen, 120 Jahre Dresdner Bank, Frankfurt 1992.

H. Möller, Topographie der Frankfurter Münzhäuser und Prägestätten. In: Einblicke in Geldgeschichte und Medaillenkunde. Festschrift Frankfurter Numismatische Gesellschaft 1906 – 2006, Frankfurt 2006, S. 135-198.

M. Pohl (Hrsg.), Deutsche Bankengeschichte, Band 2: 1806 bis 1914, Frankfurt 1982.

R. Roth, Wilhelm Merton. Ein Weltbürger gründet eine Universität, Frankfurt 2010.

M. Rothmann, Die Frankfurter Messen im Mittelalter, Stuttgart 1998.

H.-O. Schembs, Großer Hirschgraben. Vergangenheit einer Frankfurter Straße, Frankfurt 1979.

H.-O. Schembs, Spaziergang durch die Frankfurter Geschichte, Frankfurt 2002.

H. Schultz, Die Frankfurter Brentanos, Stuttgart 2001.

Stadtsparkasse Frankfurt (Hrsg.), Zeit ist Geld. Zur Weihe des neuen Hauses, Frankfurt 1956.

H. Voelcker, Geschichte der Familie Metzler und des Bankhauses B. Metzler seel. Sohn & Co. zu Frankfurt a.M. 1674-1924, Frankfurt 1924.

T. Weichel, Gontard & Metallbank. Die Banken der Frankfurter Familien Gontard und Merton, Stuttgart 2000.

R. Winterwerb, Die Frankfurter Bank 1854-1929, Frankfurt 1929.

Der Autor

 Frank Berger, Jahrgang 1957, studierte Geschichte, Germanistik und Archäologie. Seit 1985 Kurator für das Münzkabinett am Kestner-Museum Hannover und seit 1997 Kurator am Historischen Museum Frankfurt. Von ihm sind Veröffentlichungen zur historischen Geldgeschichte und Numismatik, Regionalgeschichte und Polarforschung erschienen. Zusammen mit Christian Setzepfandt Verfasser der Trilogie „Unorte in Frankfurt".

Frank Berger, Christian Setzepfandt

101 Unorte in Frankfurt

Ungewöhnlich, unterschätzt, unentdeckt. Der besondere Reiz Frankfurts beruht nicht auf dem Goethe-Haus, der Paulskirche und dem
Römer. Dass der Charakter der Stadt wesentlich facettenreicher ist,
erfahren meist nur die, die einen Blick hinter die Fassade der renommierten Bankenmetropole werfen. Mit diesem einzigartigen Buch
laden Frank Berger und Christian Setzepfandt dazu ein, Frankfurt
fernab von ausgetretenen Touristen-Pfaden kennenzulernen. Vorgestellt werden 101 abseitige, skurrile und spannende Un-Orte, die so in
keinem Reiseführer zu finden sind.

216 Seiten, Broschur
ISBN 978-3-7973-1248-8
12,80 Euro

Frank Berger, Christian Setzepfandt
102 neue Unorte in Frankfurt

Unbekannt, Ungeschminkt, Unbegreiflich. Für Neugierige, Individua-
listen, Schaulustige und Frankfurt-Liebhaber – der Fortsetzungsband
des Bestsellers macht die Mainmetropole unvergesslich! Lust auf eine
Stadtbegehung der ungewöhnlichen Art? Dann begleiten Sie Frank Berger und Christian Setzepfandt auf ihrer Tour zu 102 außergewöhnlichen
Unorten Frankfurts. Lernen Sie das schändliche Fettmilchplätzchen
kennen, spazieren Sie durch Frankfurts toten Autobahntunnel oder
staunen Sie über die sonderbarste Toilette der Innenstadt. Sie meinen
Frankfurt zu kennen? Lassen Sie sich vom Gegenteil überzeugen.

208 Seiten, Broschur
ISBN 978-3-942921-41-1
12,80 Euro

Frank Berger, Christian Setzepfandt
103 Unorte in Frankfurt

Der große Erfolg der beiden ersten Teile hat uns zum Weitermachen animiert: Der dritte Band unserer beliebten Reihe zu Frankfurts unglaublichsten Orten und Unorten liegt vor. Frank Berger und Christian Setzepfandt haben aus ihrem schier unerschöpflichen Vorrat weitere Unorte zutage gefördert und in „103 Unorte in Frankfurt" auf gewohnt charmante und süffisante Weise kommentiert und zusammengestellt. Herausgekommen ist dabei erneut ein Stadtführer der ganz anderen Art, der verborgene Plätze und Stellen Frankfurts zeigt, die im Alltag kaum ins Bewusstsein dringen.

224 Seiten, Broschur
ISBN 978-3-95542-007-9
12,80 Euro

Heike Borufka, Udo Scheu
Tatort Frankfurt!

Verbrechen in Frankfurt: Viele denken da automatisch an historische Fälle wie den der Kindsmörderin Susanna Margaretha Brandt – Vorbild für Goethes Gretchen im Urfaust – oder den berühmten, nie aufgeklärten Mord an der Prostituierten Rosemarie Nitribitt in den 50er Jahren. Aber ist das schon alles? Nein, sagen die langjährige hr-Gerichtsreporterin Heike Borufka und der frühere Landespolizeipräsident Udo Scheu. Es gab und gibt noch jede Menge mehr.

264 Seiten, Broschur
ISBN 978-3-95542-075-8
14,80 Euro